Copyright © 2016
Pallas Editora

Editoras
Cristina Fernandes Warth
Mariana Warth

Coordenação editorial, diagramação e capa
Aron Balmas

Preparação de originais
Eneida D. Gaspar

Revisão
Dayana Santos

(Este livro segue as novas regras do Acordo Ortográfico da Língua Portuguesa.)

Todos os direitos reservados à Pallas Editora e Distribuidora Ltda.
É vedada a reprodução por qualquer meio mecânico, eletrônico, xerográfico etc., sem a permissão por escrito da editora, de parte ou totalidade do material escrito.

CIP-BRASIL. CATALOGAÇÃO-NA-FONTE
SINDICATO NACIONAL DOS EDITORES DE LIVROS, RJ

P921m
    Praia, Alzira da Cigana da
        Maria Padilha, rainha de todas as giras : sua verdadeira história, seus segredos, poderes e feitiços / Alzira da Cigana da Praia. - 1. ed. - Rio de Janeiro : Pallas, 2015.
        160 p. : il. ; 17 cm.

    Inclui bibliografia
    ISBN 978-85-347-0535-6

1. Umbanda. 2. Pombagira. 3. Maria Padilha. I. Título.

15-27922   CDD: 299.672
                                                                                                   CDU: 299.6

Pallas Editora e Distribuidora Ltda.
Rua Frederico de Albuquerque, 56 – Higienópolis
CEP 21050-840 – Rio de Janeiro – RJ
Tel./fax: 21 2270-0186
www.pallaseditora.com.br
pallas@pallaseditora.com.br

Maria Padilha

DE Alzira
da Cigana
da Praia

Rainha
de todas
as giras

Rio de Janeiro
2016

A VERDADEIRA HISTÓRIA, SEUS SEGREDOS, PODERES E FEITIÇOS

Sumário

Palavras iniciais
9   *Sobre a umbanda e a quimbanda*
12   *Sobre exus e pombagiras*

Alguns temas importantes
17   *Sobre as bebidas alcoólicas*
20   *Sobre o fumo*
21   *Sobre as oferendas*
24   *Sobre alguns ingredientes e como obtê-los*

Verdades, mentiras e a Santa Inquisição
27   *Um pouco de turismo cultural*
30   *Um romance espanhol*
38   *De rainha a feiticeira, da Espanha ao Novo Mundo*

E Maria Padilha chegou na gira

43 *Padilha, Mestra e Rainha*
50 *Maria Padilha na quimbanda*

Maria Padilha e suas magias

55 *Uma observação necessária*
58 *Uma casa para Maria Padilha*
58   Sobre o assentamento
63   Sobre a firmeza
65 *Oferendas para Maria Padilha*
118 *Feitiços de Maria Padilha*

Pontos de Maria Padilha

145 *Pontos cantados*
152 *Pontos riscados*

157 Referências

Palavras iniciais

Sobre a umbanda e a quimbanda

Desde o século XVI, o Brasil, como colônia portuguesa, recebeu muitos imigrantes voluntários ou forçados. Os europeus trouxeram as crenças e práticas do catolicismo popular ibérico — rezas, santos, demônios, feitiços, ervas, adivinhações —, que encontraram as dos povos indígenas e geraram cultos como o catimbó.

Os africanos criaram candomblés, batuques e outros cultos. Neles vivem os Seres das religiões dos diversos povos que se encontraram aqui, e mais alguns: deuses e espíritos ancestrais da África, o Deus e os santos católicos, os indígenas "donos da terra" — os caboclos —, os mártires escravos — os pretos-velhos —, e os feiticeiros, malandros, ciganos e aventureiros — o povo da rua.

No século XIX, a elite de origem europeia trouxe da França o espiritismo, que criou novas formas de ligação entre os vivos e os espíritos, e foi bem aceito pelas classes médias nas cidades.

Em 1908, o Caboclo das Sete Encruzilhadas, manifestando-se através do médium espírita Zélio Fernandino de Morais, anunciou a fundação de uma nova religião que daria voz aos espíritos considerados atrasados e indesejáveis pelo espiritismo da época: os negros e os indígenas. Estava criada a umbanda.

Os caboclos, os pretos-velhos e as crianças ficaram na umbanda, organizados em sete linhas: de Oxalá, de Iemanjá, de Xangô, de Ogum, de Oxóssi, das Crianças e Africana.

O povo da rua foi para a quimbanda, que é uma imagem no espelho da umbanda, povoada por exus (masculinos) e pombagiras (femininas). Essas entidades, de acordo com a sua origem, se organizam em sete linhas divididas em legiões e falanges: de Malei, das Almas, dos Caveiras, Nagô, de Mossurubi, dos Caboclos Quimbandeiros e Mista. E de acordo com seu local de trabalho ou morada, se dividem em sete reinos, cada um reunindo vários povos: os reinos das Encruzilhadas, dos Cruzeiros, das Matas, da Calunga, das Almas, da Lira e da Praia.

As entidades de quimbanda são comandadas pelos orixás Exu e Omolu. Dizem que Exu é o diabo, mas isso é errado. O orixá é mensageiro do Senhor do Destino, e determina o sucesso ou fracasso em nossos caminhos, conforme obedeçamos ou não às leis divinas. E é o Senhor da Vida, pois comanda a sexualidade, sem a qual a humanidade não se reproduziria.

Dizem que Omolu é maligno, mas não é bem assim. Ele é o Senhor da Terra e dirige o ciclo da natureza pelo qual os seres morrem para que outros possam viver. Entre outras coisas, é quem governa as doenças e epidemias: por isso ele parece tão assustador. Mas temos de ver que até a doença faz parte do ciclo em que um organismo luta pelo alimento, sofre os efeitos do envelhecimento e por fim serve para alimentar outros.

Sobre exus e pombagiras

Alguns dizem que os exus e as pombagiras só fazem o mal; mas isso não é verdade. Essas entidades são guardiãs, atuando especialmente nas passagens e nos portais: o ponto onde os caminhos da terra se encontram, a fronteira entre os mundos dos vivos e dos mortos. Esses são os dois grandes domínios da quimbanda: o mundo "da ruas" e o dos mortos. Na divisão de tarefas da quimbanda, Exu, ligado à vida, governa o povo da rua (os exus das encruzilhadas, da natureza, etc.). Já Omolu, por sua ligação com a morte, governa os exus que formam o povo do cemitério.

Cada pessoa tem junto de si pelo menos uma dessas entidades, além dos seus guias da umbanda. E quem cuida bem de seu guardião (ou sua guardiã) tem sua proteção garantida e os caminhos abertos por toda a vida.

Dizem que essas entidades são interesseiras, e por isso precisam ganhar presentes. Mas em todas as religiões, a oferenda é uma forma de entrar em contato e sintonia com um ser espiritual através de um pequeno sacrifício, uma doação. Tanto que uma oferenda feita de modo mecânico não tem efeito: quando você dá um presente, seja a um deus, a um santo ou a um exu, o essencial é a comunicação com essa entidade. Você pensa nela quando escolhe o que fazer e se concentra fortemente em tudo que simboliza a entidade; você conversa com ela enquanto prepara e entrega a oferenda. E assim cria, cultiva e fortalece o laço espiritual com seus guias e guardiões.

Os exus e as pombagiras lidam com dois tipos de problemas: os "de casa" — amores, rivais, sedução, sexo — e os "de fora de casa" — ter um emprego, ganhar dinheiro, ter sucesso num negócio, sobreviver aos perigos das ruas, vencer os inimigos.

Exus e pombagiras jovens são muito ligados às paixões, sejam elas referentes ao amor, dinheiro, sucesso ou poder. Já as entidades mais velhas são feiticeiras poderosas, que dominam os mistérios da vida e da morte. Suas cores, em geral, são o preto da terra, do mistério e da magia, e o vermelho da vida, do sangue e do fogo. As entidades ligadas ao cemitério também podem usar o branco do osso, da morte purificada, do embrião que dorme na terra antes de nascer.

Embora todas essas entidades costumem ser alegres e irreverentes, as pombagiras são mais sedutoras e os exus são mais brincalhões (quando não são sérios ou ameaçadores). Mas não devemos nos iludir: esse comportamento pode ser apenas uma forma de nos fazer aceitar o fato de que "o hábito não faz o monge", e não devemos julgar ninguém pelas aparências.

Por fim, não custa lembrar: exus e pombagiras são guardiões das leis fundamentais da vida. Toda causa tem um efeito, todo ganho tem seu preço. Toda promessa tem de ser paga, e a entidade irá cobrá-la de uma forma ou de outra — nem sempre agradável para quem tentar trapacear.

Devemos lembrar ainda a lei espiritual do retorno, pela qual tudo que enviamos a alguém volta a nós três vezes. E para terminar, como diziam os antigos, devemos ter cuidado com o que pedimos, pois podemos ser atendidos, mas de uma forma que não tínhamos imaginado.

Tenha certeza de que um exu ou uma pombagira não vai lhe dar esses avisos. Para eles, você tem de pensar pela própria cabeça e arcar com as consequências das suas decisões. É por isso que eles parecem atender a qualquer pedido, sem ética. Mas, para eles, o pedido é seu: se você fez a escolha errada, não cabe a eles avisar ou aconselhar. Você é quem terá de aprender a lição pelo pior caminho, se for preciso. Então, pense bem antes de fazer pedidos a esses guardiões, para aproveitar melhor o seu auxílio. E lembre-se de que o pedido está no seu coração, não só nas palavras.

Dito isto, vamos falar agora de uma entidade muito especial: a pombagira Maria Padilha. Da sua história, do que ela gosta, do que pode fazer por você e do que você pode fazer para obter a sua proteção e ajuda.

Alguns temas importantes

Sobre as bebidas alcoólicas

Exus bebem cachaça, certo? E Pombagiras gostam de champanhe. Assim como os orixás guerreiros apreciam cerveja, os Pretos-velhos pedem uma dose de vinho tinto e assim por diante. As bebidas alcoólicas fazem parte da tradição das religiões afro-brasileiras. Entretanto, algumas vertentes criticam o seu uso, com base na ideia de que o álcool, responsável por um dos mais graves vícios que escravizam a humanidade, é danoso para o campo espiritual do médium. O resultado é uma proposta de banir completamente essas bebidas do culto. Mas será que isso está totalmente correto?

Uma falha pode ser detectada nesse raciocínio. Ele parte, corretamente, da percepção dos males do alcoolismo, mas não leva em conta as diferentes formas de uso das bebidas ao propor seu total banimento. E muita gente pode estar se perguntando: afinal, quem está certo: os que mandam usar a bebida, ou os que a condenam?

Para chegar a uma posição equilibrada entre os extremos, precisamos fazer uma distinção entre a bebida-oferenda e a libação ritual. A oferenda é uma entrega simbólica a uma entidade do plano espiritual. É como a fogueira feita pelos antigos gregos, que alimentavam seus deuses com a fumaça dos alimentos queimados que subia ao céu, não com a comida em si. Na oferenda, ninguém é afetado fisicamente pela bebida, pois ela é posta nos locais onde as entidades recebem as homenagens. Portanto, não há nenhum problema no uso das bebidas alcoólicas em oferendas.

A bebida sagrada dos exus em geral, que deve ser usada preferencialmente nas suas oferendas, tanto junto aos assentamentos quanto nos locais de arriada, é a cachaça. A das pombagiras costuma ser o champanhe. E isso é verdade mesmo para os exus mirins, pois eles são entidades espirituais que se apresentam desta forma, não crianças reais.

Já no caso da libação durante os rituais religiosos (ou seja, a bebida tomada pelo médium com a entidade incorporada), o problema é diferente. É exatamente aqui que devem ser levados em conta os efeitos físicos e espirituais do uso de bebidas alcoólicas. E nada mais justo: afinal, o líder religioso é responsável pela segurança e pelo crescimento espiritual dos membros da Casa que dirige.

Aqui encontramos algumas variações. As diversas vertentes da umbanda têm orientações diferentes sobre as bebidas rituais. Algumas consideram natural que as entidades utilizem bebidas alcoólicas. Outras desencorajam e até proíbem essa prática. Assim, enquanto em algumas casas o exu toma cachaça e a pombagira bebe champanhe, em outras usará bebidas alcoólicas mais leves ou se absterá totalmente do álcool.

Sobre o fumo

O uso do fumo na religião merece uma reflexão semelhante à feita para as bebidas. A ciência comprovou há bastante tempo que o cigarro, o charuto, o cachimbo e outras formas de fumar afetam nossa saúde de várias formas: prejudicam os pulmões, causam problemas no coração e no aparelho circulatório, aumentam o risco de desenvolver alguns tipos de câncer. E esses problemas não afetam só o fumante: quem está perto dele também é atingido pelas substâncias venenosas do fumo. O que é muito pior do que a bebida, que afeta diretamente apenas o organismo de quem bebe.

Mas diversas religiões aceitam e adotam o fumo em seus ritos. Essa prática veio de tempos antigos, quando não se conheciam os efeitos maléficos do fumo e se pensava que a fumaça era apenas uma boa e inocente forma de limpar matéria e energia. Além disso, em geral, o uso do fumo era praticamente restrito aos rituais: o ato de fumar, que sabemos ser viciante, não era estimulado e difundido a ponto de hoje estarmos submetidos aos seus efeitos a cada passo. Também temos de pensar que, até poucos séculos atrás, a expectativa de vida das populações era muito pequena, e simplesmente não havia tempo de aparecerem as doenças que se desenvolvem devagar.

Mas a solução não é simples. Não se pode decretar: a partir de agora ninguém mais fuma! Nem Caboclo, nem Exu, nem Preto-velho, nem Mestre de Jurema... E como eles farão suas purificações? Como farão suas curas e suas magias? Esses ritos fazem parte da essência, da tradição, do fundamento de várias religiões brasileiras. Qualquer tentativa de interferência seria, além de desrespeitosa, uma forma de conduzir os rituais ao erro.

Então, um desafio para o dirigente religioso será equilibrar o uso necessário do fumo nos rituais da sua Casa com a proteção aos seus frequentadores e aos médiuns através dos quais as entidades têm contato com o fumo.

Sobre as oferendas

Para apresentar as oferendas diante da imagem da entidade, na casa religiosa ou na residência do devoto, durante o tempo de preceito, é costume usar alguidares de barro ou louça para as comidas, copos ou taças de vidro para as bebidas, cestos para frutas, etc. Esses utensílios, é claro, devem ser comprados e consagrados para uso exclusivo em oferendas, de acordo com os preceitos religiosos. Uma preparação bem simples, que pode ser feita pelo fiel, consiste em lavar os utensílios com cachaça antes de os pôr em uso.

Mas convém pensarmos um pouco mais na hora de colocar uma oferenda na natureza. Existem alguns segredos que tornam a entrega das oferendas um ritual de harmonia com as forças e entidades que honramos. E esses segredos devem ser conhecidos por quem trabalha com as entidades dos caminhos, para garantir um melhor relacionamento com esses guardiões e com o ambiente que eles governam.

Um dos segredos é o uso de folhas como recipientes, no lugar das tigelas, bandejas, toalhas e cestas. A folha pode ser posta em qualquer lugar sem risco de poluição: se estiver no mato ou num jardim, será reabsorvida pela natureza; numa rua ou estrada, será igual aos resíduos das plantas que vivem no lugar e, mesmo sendo recolhida para o lixo comum depois de passado o tempo necessário, se desfará rapidamente junto com a comida que estava sobre ela.

O recipiente tradicional para arriar os ebós de Exu é a grande folha da mamona, podendo ser empregada a folha verde ou a da variedade vermelha. Outra possibilidade é usar um trançado feito com folhas da palmeira-africana, no feitio de esteira ou cesta. Para quem tiver dificuldade de conseguir essas folhas, uma outra possibilidade é o uso de um papel que se desfaça com facilidade e rapidez, como o papel de seda ou o guardanapo de papel.

Nessa mesma linha de pensamento da oferenda limpa, as bebidas não são arriadas em garrafas e copos, mas totalmente derramadas em volta da oferenda, sendo os recipientes trazidos de volta. Aliás, isso está de acordo com a forma ritual mais correta desse tipo de oferenda, feita desde os tempos dos gregos e romanos: a parte dos deuses é derramada para "alimentar a terra". Charutos, cigarros e velas também são postos no lugar adequado, sem embalagens nem recipientes, e deles só restará um pouco de cinzas e os vapores dispersos no ar.

Para terminar, devemos lembrar que a oferenda não é uma brincadeira de salão nem um joguinho de feitiçaria. A preparação e a entrega das oferendas são rituais litúrgicos que exigem um profundo conhecimento dos segredos da religião. Mas o fiel de boa vontade pode fazer oferendas mais simples, partindo da premissa de que a entidade vai ler o que está no seu coração e perdoará pequenos deslizes na forma se a intenção for sincera.

Sobre alguns ingredientes e como obtê-los

As práticas litúrgicas e mágicas necessitam de diversos ingredientes, objetos e materiais que muitas vezes são conhecidos apenas pelos praticantes. Além disso, especialmente no caso das ervas, é comum que em diferentes regiões do país elas sejam conhecidas por nomes diferentes. O resultado é que quem está começando a conhecer o assunto, fica preocupado com a possibilidade de não obter os materiais que aparecem nas receitas.

Para tentar diminuir um pouco essa ansiedade, aqui vão algumas dicas sobre como obter esses produtos.

Ervas frescas

Podem ser compradas em lojas de artigos religiosos, feiras livres, mercados especializados e erveiros. Em geral, mesmo que você não conheça a erva, o vendedor irá dar as informações necessárias com honestidade. Prefira sempre a erva fresca, pois caixas com ervas secas são muito sujeitas a fraudes.

Produtos religiosos especiais

Este grupo inclui favas, ferramentas e utensílios de entidades, imagens, defumadores, essências, extratos e materiais raros, como penas, pelos, etc. Estes produtos, sejam nacionais ou importados da África, são encontrados apenas em lojas de artigos religiosos. Mas todas costumam tê-los. E como acontece com os erveiros, os funcionários dessas lojas costumam se dispor a orientar seus clientes com toda a honestidade.

Outros produtos

Velas, tigelas, copos, panos, bebidas, comidas, etc. tanto podem ser adquiridos em lojas de artigos religiosos quanto no comércio comum. O essencial é que sejam comprados com a finalidade específica de serem usados para a entidade: o que não se deve fazer é misturar o uso cotidiano com o religioso.

Verdades, mentiras e a Santa Inquisição

Um pouco de turismo cultural

Se algum dia você for à Espanha, não deixe de visitar os lugares históricos medievais. Por exemplo, vá a Burgos, capital do antigo reino de Castela, a meio caminho entre Madri e Santander (no litoral norte). Depois siga de Burgos para sudoeste, na direção de Salamanca, passando pelas velhas cidades de Palência, Dueñas e Astudillo.

No extremo oeste de Astudillo, na estrada Circunvalación, fica o Real Mosteiro de Nossa Senhora dos Anjos (ou de Santa Clara), separado do Palácio de Dona Maria de Padilla (hoje Museu de D. Pedro I) pela rua Maria de Padilla. No retábulo do altar da capela do mosteiro há dois medalhões com retratos que a tradição local afirma serem de D. Maria de Padilla e D. Pedro I de Castela, os fundadores da Casa.

Se quiser ir daí a Madri, continue até Tordesilhas e siga para sudeste, passando por Medina del Campo. Depois estique o passeio até Toledo, antiga capital do reino visigodo, e aproveite para visitar Torrijos. Aí o mês de junho é alegrado pela encenação da *Crônica do Rei D. Pedro I*, que relembra as festas do batizado da primeira filha desse rei, a infanta Beatriz. Você poderá conhecer essa história visitando a biblioteca da prefeitura, que ocupa o palácio que D. Pedro mandou construir para D. Maria de Padilla.

Depois, para conhecer a antiga e mística Via da Prata, vá até Salamanca e daí siga para o sul, até chegar a Sevilha. Porto romano, capital dos califas mouros e depois do reino de Sevilha, a cidade guarda tesouros do Patrimônio da Humanidade da UNESCO.

Um deles é o Alcázar Real. Vale a pena enfrentar a fila que se forma à sua entrada, para ver os maravilhosos jardins que rodeiam o Palácio Mudéjar, construído pelo rei D. Pedro I de Castela, em 1364, ao lado do Palácio Gótico, de 1254. Nos fundos deste segundo, onde se chega contornando o Palácio Mudéjar pelos jardins, há um largo túnel com uma porta ao fundo: é a entrada para os Banhos de Dona Maria de Padilla, que lembram uma caverna encantada das mil e uma noites.

Outro tesouro é uma antiga mesquita do século XII, transformada na Catedral de Santa Maria de Sevilha após a expulsão dos mouros em 1248. Na sua Capela Real fica a urna de prata com os restos mortais do rei Fernando III de Castela, autor dessa façanha. Contornando-a, você acha-a escada para a cripta onde, numa grande vitrine, estão os ataúdes que guardam os restos mortais do rei Dom Pedro I de Castela, da rainha D. Maria de Padilla e do infante Alonso (filho de ambos).

E se quiser saber mais sobre a cidade, a Faculdade de Geografia e História da Universidade de Sevilha fica logo ali, na rua Dona Maria de Padilla.

Mas afinal, quem é essa Maria de Padilla, rainha sepultada numa catedral, dona de palácio, fundadora de mosteiro, nome de ruas do norte ao sul da Espanha — em Sevilha, Palência, Astudillo, Almería, Torre de la Reina — e da *Asociación de Mujeres "María de Padilla"*, em Toledo? E quem é esse D. Pedro que sempre a acompanha?

Um romance espanhol

Em meados do século XIV, o que hoje conhecemos como Espanha era um mosaico de pequenos reinos. Em março de 1350, o rei de Castela e Leão, Alfonso XI, faleceu, e sua viúva, Maria de Portugal, voltou para sua terra natal. Assim, a coroa de Castela e Leão passou a Pedro I, único filho vivo de Alfonso com a esposa. Pedro só completaria 16 anos em agosto, mas logo provou ser capaz de governar em meio às intrigas políticas e disputas dinásticas que perturbaram todo o seu reinado. Cruel, segundo seus inimigos; justiceiro, segundo os aliados.

Em 1352, um dos homens de confiança do rei, D. Juan Fernandez de Henestrosa, apresentou-lhe a sobrinha Maria de Padilla, nascida por volta de 1334 e pertencente a uma família nobre da região de Astudillo. Descrita pelos cronistas da época como uma jovem de talhe delicado, rosto formoso e grande inteligência, Maria encantou o rei e ambos se apaixonaram.

Segundo a versão mais divulgada dessa história, Maria de Padilla tornou-se amante de Dom Pedro. Entretanto, conforme a declaração feita anos depois pelo rei às Cortes do Reino, eles teriam se casado em maio de 1352, em Sevilha. Segundo os documentos e depoimentos apresentados na ocasião, a cerimônia teria sido oficiada pelo abade de Santander, Juan Perez de Orduña, tendo como testemunhas D. Juan Alfonso de Mayorga, Chanceler do Selo, D. Diego Garcia de Padilla, irmão de Maria e Mestre da Ordem de Calatrava, e D. Juan Fernandez de Henestrosa, o tio de Maria. Embora os registros dessa reunião das Cortes tenham sido destruídos após a morte do rei, por ordem do usurpador do trono, historiadores espanhóis e biógrafos do casal consideram que o casamento possivelmente ocorreu como foi contado.

Mas um rei nunca pode se casar à sua vontade: acima dela estão os interesses do Estado. A situação do reino era delicada, pois os irmãos bastardos de Pedro, Enrique de Trastámara e Fadrique de Castela, ligados ao reino de Astúrias, tentavam tomar o trono de Castela. Então, para evitar atritos com os aliados do rei, o casamento teria sido realizado secretamente.

Em 1352, a mãe do rei, mesmo vivendo em Portugal, se uniu a alguns nobres de Castela para negociar o casamento de Pedro com Branca de Bourbon, irmã da rainha da França, como parte de um acordo político com esse país. Pedro resistiu por algum tempo, mas em 1353, pouco depois de Maria ter sua primeira filha, Beatriz, concordou em casar com Branca.

Concubinato ou poligamia? Pensemos com a cabeça ibérica medieval. Até o século XIII, os reinos hispânicos cristãos seguiam a lei europeia medieval que dava o valor de casamento legítimo à troca de votos feita em particular, só considerava o casamento realizado após a união sexual, considerava aceitável a existência de mais de uma esposa (comum na nobreza, por razões políticas) e admitia o divórcio. No século XII, o rei Alfonso X de Castela e Leão compilou, na quarta das suas *Siete Partidas*, uma nova legislação que impunha o casamento religioso oficial, a monogamia e a união indissolúvel. Mas no tempo de

Pedro e Maria, os velhos costumes ainda sobreviviam, embora oficialmente rejeitados. Então, não seria de espantar se o rei tivesse duas (ou mais) esposas. Além disso, mesmo se tivessem realizado apenas uma cerimônia privada, Pedro e Maria podiam ser considerados casados pela lei antiga, enquanto Pedro e Branca não o eram, como veremos agora.

O casamento real terminou desastrosamente em poucas horas. O poema *Entre las gentes se suena* (Entre o povo se fala), do *Romancero viejo*, registra o que diziam ser a causa do escândalo.

> *Entre las gentes se suena,*
> *y no por cosa sabida,*
> *que de ese buen Maestre*
> *don Fadrique de Castilla,*
> *la reina estaba preñada;*
> *otros dicen que parida.*

Mas a causa mais provável, segundo os historiadores, é que o rei francês não pagou o dote combinado, o que tornava a França uma parceira inútil para Castela. Seja como for, D. Pedro não consumou a união e mandou Branca para o palácio real em Medina del Campo. Alí ela ficou confinada, mas não encarcerada ou torturada, como Branca alegou, mas os historiadores negam.

A situação fez a tensão aumentar em Castela. Branca se tornou o pretexto para a formação de um partido contra Pedro, reunindo seus irmãos bastardos, os nobres simpatizantes dos franceses e a rainha-mãe (que armava suas intrigas em Portugal). Os nobres insistiam com o rei para que abandonasse Maria e desse a Branca a condição oficial de rainha. O papa, aliado quase vassalo da França (onde estava, na época, a sede da Igreja Católica), ameaçou excomungar D. Pedro.

Em 1354, enquanto Maria tinha sua segunda filha, Constança, Pedro conseguiu que os bispos de Salamanca e Ávila considerassem nulo o casamento não consumado com Branca. Entretanto, em vez de oficializar a união com Maria, preferiu novamente proteger os interesses do reino. Tentando neutralizar outro inimigo, casou, em abril desse ano, com Joana de Castro, irmã de D. Alvar Perez de Castro, que trabalhava para dar a coroa de Castela ao príncipe herdeiro de Portugal. Mas logo depois da cerimônia ficou sabendo de nova traição armada por D. Alvar. Não havendo mais a razão política para o casamento, Pedro mandou Joana para a vila de Dueñas, onde ela permaneceu até a morte (em 1374), na mesma situação de Branca.

Quando Pedro começou a negociar o novo casamento, Maria pediu licença ao papa para fundar um convento onde pudesse se recolher. Recebida a autorização, Maria e Pedro criaram o Real Mosteiro de Nossa Senhora dos Anjos, em Astudillo, com o Palácio de Dona Maria de Padilla ao lado.

Maria residiu no mosteiro por algum tempo, o que acalmou um pouco os ânimos na Corte. Mas após o malogro do casamento com Joana, o rei voltou a viver com Maria, que teve mais dois filhos: Isabel, nascida em 1355, e Alonso, nascido em 1359.

O partido dos bastardos contra o rei legítimo de Castela foi se tornando cada vez mais forte, com o apoio da França, da Igreja e dos reinos de Astúrias e Aragão. Visando ganhar adeptos, esse grupo recorreu a falsas acusações, como as de bruxaria, crueldades e atentados promovidos por D. Pedro ou por Maria de Padilla. Branca participou ativamente das intrigas, desde a anulação do casamento até a sua morte, em 1361. E aqui serviu para mais uma calúnia: embora historiadores espanhóis afirmem que ela faleceu de causas naturais, foi dito que fora executada por ordem do rei, como lemos no *Romance del rey don Pedro el Cruel*, que mostra inclusive o rei avisando a Maria de Padilla que irá matar Branca em nome do amor dos dois.

> *Doña María de Padilla,*
> *no os me mostredes triste, no [...]*
> *que me labren un pendón,*
> *será de color de sangre,*
> *de lágrimas su labor;*
> *tal pendón, doña María,*
> *se hace por vuestro amor. [...]*
> *El rey no le dijo nada,*
> *en su cámara se entró*
> *enviara dos maceros,*
> *los cuales él escogió. [...]*
> *La reina como los vido [...]*
> *con esfuerzo les habló:*
> *— Ya sé a qué venis, amigos,*
> *que mi alma lo sintió; [...]*
> *Doña María de Padilla,*
> *esto te perdono yo;*

*por quitarte de cuidado
lo hace el rey mi señor. —
Los maceros le dan priesa,
ella pide confesión:
perdónalos a ellos,
y puesta en contemplación
danle golpes con las mazas:
así la triste murió.*

Maria morreu em julho desse mesmo ano, vitimada pela epidemia de peste bubônica que assolava a região. Em 1362, na reunião das Cortes em Sevilha, Pedro apresentou as provas de que casara com Maria de Padilla antes do casamento com Branca. Assim Maria foi declarada rainha, e suas filhas (pois Alonso já morrera) foram designadas herdeiras legítimas do trono. Dom Pedro I pôs luto por Maria e fez com que fosse sepultada, com as honras devidas à rainha consorte, na cripta da Capela Real da Catedral de Sevilha, onde seus restos repousam até hoje, ao lado do marido e do filho.

De rainha a feiticeira, da Espanha ao Novo Mundo

Segundo seus contemporâneos, Maria de Padilla era uma dama bondosa, discreta, amável e compreensiva, que sempre procurou suavizar os rigores do rei, sem se mostrar ambiciosa nem vingativa, conformada com a posição obscura em que fora posta, fiel e digna em seus nove anos de união com o rei e, como vimos, devota a ponto de fundar um convento, ao qual doou as terras que herdara dos pais. Em documentos oficiais dos séculos seguintes, foi sempre citada como *Sua Majestade a Rainha Dona Maria*. Em Sevilha é lembrada como rainha de Castela e Leão. Sua legitimidade foi aceita pela casa real inglesa, na qual suas filhas Constança e Isabel se casaram. Entretanto, foi transformada em mulher desonesta e feiticeira maligna. Como isto se deu?

Pedro foi assassinado em 1369 pelo irmão Enrique de Trastámara, que assim se apossou do trono de Castela e Leão. Para legitimar o novo rei, os nobres que o apoiavam se dedicaram a denegrir a memória de Pedro e de todos a ele associados, especialmente Maria de Padilla, tratada como uma sedutora perversa e a grande culpada por todas as crises do reino — das guerras à Peste Negra...

Os *romanceros* espanhóis registraram as intrigas que corriam na boca do povo. Segundo os poemas do *Romancero viejo*, o rei teria mandado matar o amante de Branca e a própria Branca (fatos que os historiadores negam) "para alegrar a amante", a perversa Padilla, que teria enfeitiçado o rei para que ele desprezasse a mulher francesa. O *Romance de don Fadrique* narra a morte do irmão bastardo na versão dos adversários de D. Pedro.

> *[...] la cabeza le han cortado;*
> *a doña María de Padilla*
> *en un plato la ha enviado.*

O poema *Llora Doña Blanca...*, do *Romancero español*, mostra, entre Branca e Maria, um confronto que lembra o de Guinevere e Morgana na lenda do Rei Artur inglês: o anjo louro e cristão, que arrasta o rei para a submissão à ordem estabelecida, e a feiticeira morena, amiga de pagãos e bruxos, que, na verdade, o apoia na afirmação da sua autoridade independente.

*Caséme en Valladolid
con don Pedro, rey de España. [...]
Posesión tomé en la mano,
mas no la tomé en el alma,
porque se la dio primero
a otra más dichosa dama;
a una tal doña María
que de Padilla se llama,
y deja su mesma esposa
por una manceba falsa. [...]
Dile una cinta a don Pedro
de mil diamantes sembrada,
pensando enlazar con ella
lo que amor bastardo enlaza:
húbola doña María,
que cuanto pretende alcanza;
entrególa a un hechicero
de la hebrea sangre ingrata;
hizo parecer culebras
las que eran prendas del alma.*

Em versões posteriores, Maria passou a ser a autora direta da bruxaria: ela própria teria enfeitiçado um cinto de Branca, para que o rei se afastasse dela. E Doña Padilla deixou de ser uma nobre castelhana cristã para se tornar uma bruxa cigana. Imagem que permaneceu viva no imaginário europeu, como o escritor francês Prosper Mérimée lembrou na novela *Carmen* (com todas as distorções que o preconceito causa):

> [...] *elle chantait quelqu'une de ces chansons magiques où elles invoquent Marie Padilla, la maîtresse de don Pedro, qui fut, dit-on, la* Ban Crallisa, *ou la grande reine des bohémiens.*

> ([...] ela cantava uma das canções mágicas em que elas invocam Maria Padilha, a amante de Dom Pedro, que foi, dizem, a *Ban Crallisa*, ou a grande rainha dos ciganos.)

Quem invocava Maria Padilha era a cigana Carmen, operária da Real Fábrica de Tabacos de Sevilha. Cujo prédio, por coincidência, abriga hoje a Reitoria e as Faculdades de Filologia e de Geografia e História da Universidade de Sevilha, situadas, como já sabemos, na rua Dona Maria de Padilla.

A lenda de Maria de Padilla se espalhou pela Península Ibérica. Em Portugal, seu nome foi traduzido para Maria Padilha. A fama de feiticeira a pôs nos conjuros das bruxas, ao lado dos mais famosos hereges, pecadores, demônios e até santos da tradição cristã, como vemos em processos da Inquisição portuguesa.

Por São Pedro e por São Paulo, por Jesus crucificado, por Barrabás, Satanás e Caifás, por Maria Padilha com toda a sua quadrilha...

E depois as naus dos navegadores europeus a trouxeram para o Novo Mundo. Começando, talvez — quem sabe? —, pela frota de Colombo, enviada para conquistar novas terras para a Espanha e novas almas para a fé cristã pelos devotos reis católicos, patrocinadores da Inquisição espanhola, Fernando de Aragão e Isabel de Castela — esta, por ironia, bisneta de Constança de Castela e, portanto, tataraneta da "demoníaca" Maria Padilha...

E Maria Padilha chegou na gira

Padilha, Mestra e Rainha

No começo, Maria Padilha era apenas um nome nas fórmulas mágicas das feiticeiras da Europa. Mas no Brasil, com o passar do tempo, foi-se criando o ambiente certo para que ela se mostrasse em toda a sua glória. Ou, como se diz por aqui, para que "desse a volta por cima", saindo vitoriosa de todas as intrigas de que fora vítima, e fazendo da calúnia a sua força: feiticeira, sim, sedutora, sim... mas Rainha de todas elas!

Maria Padilha veio com as bruxas e os adivinhos condenados ao degredo pela Inquisição. Era invocada para encontrar pessoas e recuperar bens perdidos, descobrir tesouros e denunciar ladrões, realizar curas e conquistar amantes, destruir inimigos e fazer casamentos. Assim como já era em Portugal, a poderosa Maria Padilha logo se tornou um dos nomes mais chamados nas rezas e feitiçarias brasileiras.

Mais tarde, Maria Padilha surgiu no catimbó como Mestra do Reino do Juremal. Conhecedores do culto da jurema dizem que a entidade se manifestou pela primeira vez em meados do século XIX. Nessa ocasião, ela disse ser a Rainha Maria Padilha de Castela, contou a história que já conhecemos e avisou que outras Padilhas da sua quadrilha também iriam se manifestar. Contam ainda que Maria Padilha apareceu pessoalmente no catimbó poucas vezes após essa primeira, e depois ficou comandando no espaço as suas legiões de Marias.

Mais tarde, quando o povo da rua começou a se manifestar na umbanda e recebeu seu culto próprio na quimbanda, Padilha foi reconhecida como uma pombagira. Não qualquer uma, mas Maria Padilha Rainha, mulher do Maioral, Exu Rei, o chefe de todos os exus.

O aviso de Maria Padilha se tornou realidade, e hoje conhecemos muitas Padilhas da sua quadrilha ou, como também se diz, os diversos caminhos de Maria Padilha. Aqui estão as histórias que algumas dessas Padilhas contaram ao se manifestar pelo Brasil afora.

Maria Padilha das Almas

Segundo a história, esta foi uma mulher casada, com filhos, que seduziu o padre da cidade em que vivia. Certo dia, ela entrou na igreja como um furacão, gritando que estava grávida dele. Depois do primeiro susto, o padre raciocinou: a mulher sempre fora infiel, tivera vários amantes — o filho não podia ser de um deles, ou do marido? A mulher negou ter tido outro homem depois dele, e propôs que fugissem. Como o padre se recusou, alegando que não largaria a carreira religiosa para viver com uma prostituta, ela, que viera armada com um punhal, o esfaqueou mortalmente e em seguida se suicidou. Esse espírito passou muito tempo vagando nas trevas, torturado pela lembrança de seus pecados, até que começou a trabalhar como Maria Padilha das Almas. Hoje ela se esforça para ajudar e aconselhar os que a procuram, para que não cometam os erros em que ela caiu.

Maria Padilha das Sete Catacumbas

Esta, segundo contam, foi uma mulher casada que se apaixonou por um rapaz. Louca de paixão, ela procurou uma feiticeira. A bruxa afirmou que a única forma de ficar viva e com o amante seria matar o marido, e que isso exigiria o sacrifício do filho pequeno. A mulher fugiu apavorada, mas desde então não teve sossego. Ao adormecer, sonhava com um homem todo vestido de preto que lhe apontava uma bengala e dizia que ela teria de fazer o feitiço. Certa noite, ela acordou do pesadelo aos gritos. Com o barulho, o filho começou a chorar. Fora de si, a mulher pegou uma faca e matou o menino. Percebendo em seguida o que fizera, desmaiou. Com o movimento, uma vela que iluminava o cômodo caiu ao chão e incendiou a casa. Assim a mulher morreu, realizando a profecia da bruxa. Então, depois de muito tempo vagando nas trevas, começou a trabalhar na falange do cemitério, ao lado do Senhor Exu das Sete Catacumbas, o mesmo que lhe aparecera em sonhos.

Maria Padilha das Sete Encruzilhadas

Contam que esta foi uma moça nobre, amante do rei do país onde vivia, que decidiu envenenar a rainha, contando tomar seu lugar. Assim fez e, passado o funeral, procurou o amante, dizendo que agora poderiam se casar. Mas o rei, que sabia o que ela fizera, mandou prendê-la. Durante vários anos ela permaneceu no cárcere, sempre visitada pelo espectro da rainha morta, que a encarava com ar de triste acusação. Até que, certo dia, soube que o rei ia se casar com uma jovem nobre. Quando o fantasma a encarou, nessa noite, ela se enfureceu e avançou sobre ele. Mas tropeçou, caiu e bateu com a cabeça no banco de pedra da cela, morrendo imediatamente. Seu espírito vagou por longo tempo, até entender que fizera muito mal e precisava se redimir. Desde então começou a vir à Terra como Maria Padilha das Sete Encruzilhadas, procurando sempre passar aos que a procuram o que já aprendeu sobre os caminhos do bem.

Maria Padilha dos Sete Cruzeiros da Calunga

Dizem que esta foi uma jovem que fora prometida pelos pais a um nobre, mas se apaixonou por um dos empregados da propriedade da família. Ficando grávida, combinou fugir com o amante. Mas uma criada da casa os viu e avisou ao pai da moça, que saiu em perseguição ao casal. Alcançando-os onde a estrada cruzava um rio, o homem atirou no rapaz, matando-o. Então, a jovem pegou a arma do amante e com ela matou o pai. Em seguida, atirou-se da ponte sobre o rio, morrendo afogada junto com a criança que levava no ventre. Depois de vagar por muito tempo entre os espíritos, carregando a culpa das várias mortes que causara, encontrou entidades de luz que lhe deram apoio e orientação. Foi assim que se tornou Maria Padilha dos Sete Cruzeiros da Calunga, como hoje se identifica ao descer nas giras, sempre amável, educada e atenciosa com os que a procuram.

Maria Padilha do Cabaré

Esta, pelo que dizem, foi uma jovem que, há muito tempo atrás, fugiu de casa para não ser obrigada a casar com um homem escolhido pelos pais. Depois de vagar pelas ruas, seguiu o único caminho aberto na época para as moças sem família: foi trabalhar num bordel. Algum tempo depois, um homem muito rico a tomou como amante e montou para ela um cabaré (que era o nome dado então aos bordéis). Assim ela passou a viver da renda do cabaré. O tempo passou e a moça começou a ficar insatisfeita com a situação. Ela queria casar, mas o amante assegurou que não iria largar a esposa por ela. Então ela decidiu matá-lo e se suicidar. Conseguiu um veneno forte, que pôs numa garrafa de vinho. Quando o amante a visitou, ela serviu duas taças da bebida envenenada e, com um brinde, viu o amante beber e em seguida tomou a própria morte. Depois de um tempo nas trevas, ela passou a trabalhar nas falanges de pombagiras, tornando-se conhecida como a Rainha do Cabaré.

Maria Padilha na quimbanda

Maria Padilha é a principal pombagira da Linha Nagô da quimbanda, chefiada por Exu Gererê e formada por sete falanges dirigidas pelos Exus Quebra Galho, Sete Cruzes, Gira Mundo, dos Cemitérios, Capa Preta, Curador e Ganga. Os espíritos dessa linha, conhecidos como "gangas", são grandes conhecedores de feitiçaria. Trabalham de forma rápida e eficiente, e podem aplicar sua magia para o bem e para o mal, às vezes de forma irreversível. Por isso, são considerados muito perigosos e os pedidos a eles devem ser feitos com muito critério e cuidado.

A Linha Nagô tem ligação com a Linha de Iemanjá da umbanda, que reúne as falanges do povo d'água (sereias, ondinas, iaras, marinheiros, caboclas de mar e de rio). Assim, Maria Padilha atua como intermediária para esta linha, tendo uma afinidade forte com as caboclas de mar e chefiando a falange de pombagiras que liga em polaridade negativa a Linha de Iemanjá à Africana.

Também chamada de Rainha do Candomblé e Rainha das Marias, Maria Padilha governa o Reino da Lira da quimbanda junto com o companheiro,

Exu Rei das Sete Liras, também conhecido como Exu Lúcifer. O Reino da Lira reúne as entidades da quimbanda ligadas à alegria e à arte: espíritos boêmios, malandros, músicos, dançarinos; daí o seu nome de instrumento musical. Ele também é chamado de Reino do Candomblé, por causa dos cantos e danças que caracterizam os rituais dessa religião. É por isso que Maria Padilha é conhecida como Rainha do Candomblé, não por ter ligação com a religião dos orixás. Por seus hábitos e sua história, a entidade também é chamada de Rainha da Malandragem, Rainha dos Ciganos, Rainha dos Infernos e Mulher de Lúcifer.

Além de se desdobrar nas manifestações ou caminhos que já conhecemos, Maria Padilha tem sob o seu comando as falanges das Marias, entre as quais se destacam Maria Alagoana, Maria Baiana, Maria Cigana, Maria Colodina, Maria da Praia, Maria das Almas, Maria Farrapos, Maria Lixeira, Maria Mirongueira, Maria Molambo, Maria Navalha, Maria Quitéria, Maria Rosa e Maria Tunica. Como participam da energia da Rainha das Marias, elas têm características bem semelhantes.

Quem tem vidência a vê na gira como uma mulher muito bonita, morena, com cabelos escuros, porte altivo e ar de quem nada teme. Ela pode aparentar ser mais jovem ou mais velha, pois tem caminhos de diversas idades, mas todas as Padilhas são atraentes e sedutoras. E essa pombagira sabe dançar muito bem, conhecendo a arte de seduzir com os movimentos do corpo.

Como rainha que é, Maria Padilha gosta de trajes finos e sofisticados, pois o luxo é para ela o modo normal de viver. Embora use sempre o vermelho e o preto das pombagiras, faz questão de tecidos de qualidade superior em trajes que a deixem sempre pronta para uma festa. Longas saias rodadas, muitos babados e os leques, que as antigas damas sabiam usar tão bem, são essenciais para o seu jogo de sedução.

Padilha adora joias de ouro e artigos de toucador (perfumes, espelhos, etc.) que lhe podem ser presenteados sem medo de errar. Também gosta de ganhar cigarros ou cigarrilhas. Como pombagira e rainha, não gosta de depender de ninguém e sabe se defender sozinha. Por isso, gosta de ter uma navalha, um punhal ou outra arma branca pequena e bem afiada. Vem daí outro apelido seu: Rainha das Facas.

Sua guia, em geral, é feita com contas pretas e vermelhas alternadas em grupos de três, sete ou 21 contas, conforme a orientação da entidade. A firma é preta e vermelha ou preta e banca. As guias das Padilhas cruzadas nas Almas levam contas brancas separando os grupos das outras cores. Entidades da Calunga podem pedir que a guia leve uma pequena caveira ou um pedaço de osso.

As velas acompanham as cores das guias. Podem ser bicolores pretas e vermelhas ou pretas e brancas, ou de uma só cor, vermelha ou branca.

A pemba para riscar seus pontos pode ser vermelha, que é a das pombagiras, ou branca, de uso geral.

Suas flores prediletas são as rosas bem abertas, cravos e palmas, sempre vermelhas e em número ímpar. Entre as bebidas, prefere o licor de anis, mas também aceita champanhe, vermute e cachaça. Suas comidas preferidas são a pata, a pomba e a cabra pretas, ou um bom bife, sempre acompanhados por farofa. Também aceita frutas, especialmente lima-da-pérsia e maçã.

Dependendo do local de trabalho da entidade e da sua orientação específica, se for dada, as oferendas podem ser entregues no cruzeiro de um cemitério ou numa encruzilhada em T ou em X. Mas a entrega deve ser, de preferência, na segunda-feira, que é o dia da sua maior força.

Maria Padilha e suas magias

Uma observação necessária

Como vimos, Maria Padilha se tornou um espírito bruxo na Europa, no fim da Idade Média. Naquele tempo, o povo imaginava uma porção de coisas estranhas sobre as bruxas. Essas esquisitices foram inventadas ou alimentadas, em grande parte, pela Igreja e pela medicina tradicional. E por que razão? Porque as bruxas eram mulheres que preservavam a sabedoria antiga do povo das aldeias e do campo, que sabiam prever como ia ficar o tempo numa estação e como isso iria afetar as colheitas, lembravam dos velhos rituais pré-cristãos com que o povo honrava os deuses da natureza, conheciam as ervas medicinais e sabiam tratar doenças e fazer partos. Assim desafiavam as regras da religião dominante e o poder dos médicos.

Como o povo é supersticioso, sempre havia alguma intriga: se a mulher sabia ler sinais da natureza, certamente sabia afetar o futuro dos outros; se realizava os velhos rituais, estes deviam ser crimes demoníacos; se conhecia remédios, sabia usar venenos; e aquelas coisas que todo mundo fala na hora da raiva — tomara que a sua mão apodreça! Tomara que os seus dentes caiam! —, na boca da bruxa, pareciam ter a força de uma ordem às forças do mal para que atacassem os seus desafetos.

Daí a dizer que a mulher fazia pactos com o diabo, ia aos sabás (que, a propósito, foram inventados pelos inimigos das bruxas) e matava criancinhas, foi um passo. E as pobres mulheres, presas sob a acusação de bruxaria, confessaram tudo isso e muito mais, graças às horríveis torturas de que foram vítimas. Foi assim que os registros da Inquisição ficaram recheados de descrições de feitiços e rituais fantásticos — criados, na verdade, pela imaginação perversa dos torturadores.

Também havia na Idade Média outro tipo de magia, esta praticada por homens estudiosos, quase sempre religiosos. Essa magia, chamada cerimonial, respeitava integralmente as crenças cristãs: os espíritos das esferas celestes, os anjos, os espíritos bem-aventurados, Deus e, do outro lado, os demônios, espíritos da terra e do mundo inferior. Utilizava orações e realizava cerimônias de invocação do auxílio dos espíritos, que às vezes lembravam ritos cristãos.

Mais tarde, pessoas que desejavam publicar livros com receitas de bruxaria, mas que não seguiam nenhum tipo de tradição mística ou mágica, foram buscar material nos documentos da Inquisição e nos tratados de magia cerimonial. Todas as invenções bizarras sobre as bruxas foram divulgadas como verdades, e fragmentos das práticas de magia foram tirados do seu contexto e desvirtuados. Esses livros se tornaram muito frequentes na literatura popular sobre feitiçaria, escrita por pessoas sem ligações com a magia genuína, e que muitas vezes nem sabiam decodificar o vocabulário da tradição.

Talvez já seja hora de mudar essa situação. Por isso, este livro não apresentará nenhum feitiço ou simpatia que tenha vindo de fontes duvidosas, e somente citará práticas realmente adotadas em contexto religioso ou originadas da sabedoria das verdadeiras bruxas e dos magos reais.

Uma casa para Maria Padillha

Toda entidade espiritual, seja ela um orixá, um guia ou um guardião exu, precisa ter um lugar especial, que funciona como um foco da sua energia e onde a entidade recebe oferendas e pedidos. O ponto de energia da entidade pode ser de dois tipos: o assentamento e a firmeza. É importante entender a diferença entre essas duas ideias, para saber o que é certo fazer em cada situação.

Sobre o assentamento

O assentamento é um ritual litúrgico bastante complexo, que faz parte da iniciação religiosa, só podendo ser realizado por sacerdote ou sacerdotisa com o preparo necessário. Por isso, não será explicado em detalhes aqui. Diremos apenas o que for possível para dar uma ideia de sua natureza.

O assentamento é uma instalação permanente feita em solo consagrado de um templo religioso. Ele só será removido se o templo for desfeito, e isso implicará num complexo ritual de desconsagração do lugar.

O assentamento é muito mais que um lugar para depositar oferendas. Ele pode ser entendido como uma espécie de gerador de energia combinado com uma antena: é um ponto de conexão com as entidades espirituais e um foco de atuação dessas energias no ambiente do terreiro, para que elas possam cumprir suas tarefas de proteger e fortalecer as pessoas ligadas ao lugar. Para que o assentamento permaneça sempre imantado e energizado, deve ser objeto de uma rotina de tratamento, que envolve a alimentação periódica com alimentos e luzes, num dia certo da semana, que seja o consagrado à entidade ali assentada.

O assentamento não é individual. Na casa de um determinado orixá, por exemplo, ficam os assentamentos de todos os médiuns da casa que são filhos dessa entidade. O mesmo ocorre com os exus. Um terreiro terá, para começar, o assentamento do exu dono (guardião) da casa, que é plantado quando o chão é consagrado para receber o templo. Terá também, na casa de exu, o assentamento dos exus "de trabalho" do chefe (zelador ou pai de santo) e dos filhos da casa, que foram fixados no processo de iniciação de cada um.

Como as entidades do povo da rua são guardiãs, o lugar correto da casa de exu é junto à porta de entrada, para vigiar tudo que tenta entrar na casa que ele protege e para que cada entidade se aproxime do médium que acompanha quando este entrar no templo.

A casa de exu fica à direita da porta ou portão, para quem sai da casa (à esquerda de quem entra), e é encostada no muro ou parede, pelo lado de dentro. Deve ter a forma aproximada de um quadrado medindo no mínimo meio metro de lado (largura, altura e profundidade). O exterior pode ter a cor usada no muro ou parede da casa, ou até uma simples caiação, mas o interior deve ser vermelho. O revestimento, seja pintura, seja material aplicado, deve ser resistente ao fogo.

Antes de ser habitada, a casa deve ter o inteiror lavado com uma garrafa de cachaça.

Algumas plantas são usadas tradicionalmente para adornar a casa de exu, como o chapéu-turco, a hortelã-pimenta e a lanterna-chinesa.

A casa de alvenaria é mais durável e não oferece risco de incêndio causado por velas acesas no seu interior; mas pode ser feita de madeira ou outro material adequado. O teto pode ser de laje, telhas ou sapê, de acordo com a conveniência e, se for o caso, com as instruções da entidade. A porta pode ser de madeira ou metal, desde que seja totalmente fechada, para proteger o assentamento de olhares curiosos. Pelo mesmo motivo, deve ser trancada com cadeado ou fechadura, sendo aberta somente pelas pessoas autorizadas, quando for necessário para a realização de alguma cerimônia.

Para preparar o assentamento, providencia-se primeiro um alguidar de barro, purificado segundo os preceitos do ritual. Todos os objetos necessários também serão purificados antes do seu uso.

Como Maria Padilha é uma entidade das ruas, seu alicerce conterá elementos de todos os caminhos do mundo, como terra de encruzilhada e cemitério, argila branca e vermelha, lama de mangue e areia de praia. A energia desse exu também se concentrará em certos materiais do reino mineral: enxofre, limalha de ferro, carvão. Tudo isso é misturado, formando o "chão" do assentamento, que também poderá ter adicionados materiais especiais como waji, efum, ossum, azougue (mercúrio) e pólvora.

Para o assentamento propriamente dito, o sacerdote coloca no fundo do alguidar materiais como bilhas de aço, moedas e ímã, além do otá da entidade que, no caso de Maria Padilha, é uma pedra de hematita ou laterita. Acomoda a mistura por cima, adorna com búzios e põe dentro da casa da entidade. A próxima etapa será banhar o assentamento com azeite de dendê apimentado e com um sumo de sete folhas de exu.

Por fim, são feitas as primeiras oferendas ao exu assentado. Algumas linhas religiosas farão sacrifícios animais e darão os axés à entidade. Outras ofertarão apenas alimentos: um padê, um bom bife e uma bebida.

Tudo isso será realizado de acordo com os preceitos e fazendo as devidas consultas para verificar se a entidade está aceitando o ritual.

Sobre a firmeza

A firmeza é uma espécie de versão simplificada do assentamento. É um ponto de referência para entregar oferendas e energizar pedidos à entidade, ou seja, um ponto simples a partir do qual a entidade possa atuar em relação a uma pessoa ou uma situação limitada. A firmeza é individual: é feita para uma entidade específica, é como um altar pessoal.

A firmeza não precisa ser permanente, sendo instalada de modo a poder ser desfeita quando for conveniente. Por isso, ao contrário do assentamento, ela pode ser feita na moradia do filho da entidade, mesmo que seja um imóvel alugado, cedido ou ocupado de qualquer outra forma instável.

Mesmo no terreiro, a firmeza é feita quando é preciso reforçar a ação de uma entidade. Um exemplo é quando um ritual exige que um ponto riscado fique firmado durante um certo tempo, a fim de manter um ponto fixo para a irradiação da energia da entidade.

Mesmo sendo uma instalação bem simples, a firmeza deve ser feita num lugar reservado, onde fique protegida contra a atenção de estranhos. Num terreiro, ela pode ser feita no próprio recinto dos assentamentos. Na residência, a entidade pode ser firmada num lugar reservado para esse fim, que possa sempre funcionar como um oratório.

No caso específico dos guardiões exus, mesmo nas residências, sua firmeza deve ficar junto da entrada. Se não for possível separar um cantinho reservado nessa localização, pode ser feita uma pequena casa de madeira ou chapa metálica, na forma de uma caixa com uma portinha frontal, no estilo dos antigos oratórios. O cuidado a ser tomado é sempre lembrar que nesse lugar serão acesos velas e charutos, portanto o material deverá ser resistente ao fogo e disposto de modo a evitar que esses objetos caiam e provoquem um incêndio.

Os objetos essenciais serão: um copo de vidro (pode ser do mais simples, incolor), um castiçal para que as velas sejam acesas de modo seguro e um recipiente para apresentar a oferenda de comida dada à entidade (geralmente um alguidar de barro de tamanho adequado).

É comum que o lugar destinado à firmeza tenha uma imagem da entidade. Dependendo da vertente religiosa, também é comum ter algum dos símbolos maiores, que são as ferramentas da entidade. É comum também que as pessoas ponham junto à imagem os presentes que fazem à entidade, que podem ser desde uma planta sagrada até uma joia.

Firmeza para Maria Padilha

*1 vela vermelha, branca
  ou bicolor (preta e vermelha)
1 copo com champanhe ou licor de anis
1 cigarrilha*

Acenda a vela no local adequado. Ponha o copo ao lado, com a cigarrilha acesa equilibrada na boca. Faça seus pedidos à entidade.

Deixe tudo no lugar até que a vela termine de queimar. Então, despache a cachaça em água corrente (pode despejar na pia com a água aberta) e jogue fora os restos da vela e da cigarrilha. Feito isso, lave os utensílios para usá-los novamente.

Oferendas para Maria Padilha

Esta seção apresenta uma coletânea de ebós, oferendas e trabalhos tradicionais do culto ao povo da rua. Ou seja, trabalhos indicados e realizados em contexto religioso. Por isso, você poderá achar que as descrições deixam de informar sobre alguns detalhes ou são um pouco vagas. Mas isso não é casual. Existe um nível de informação sobre os procedimentos rituais que só é conhecido pelos praticantes experimentados da religião, e que não pode ser divulgado levianamente. Se você se interessa sobre esses detalhes, procure a orientação de uma entidade em um terreiro confiável, e poderá, com tempo e dedicação, desvendar os segredos da magia de umbanda e quimbanda.

Oferenda para fazer um pedido a Maria Padilha

A oferenda deve ser entregue numa encruzilhada fêmea (em T), numa segunda-feira, perto da meia-noite. Como a pombagira é de polaridade feminina, o trabalho funciona melhor se for feito pela polaridade masculina. Por isso, um homem pode fazer a entrega sozinho, mas uma mulher deve ir acompanhada por um homem.

O material necessário é o seguinte:

1 xícara de fubá
Azeite de dendê
1 garrafa de licor de anis
1 maço de cigarros
1 folha de mamona

Com o fubá e o azeite de dendê, prepare uma farofa amarela. Ponha-a na folha e leve, junto com os outros materiais, ao lugar escolhido. Ao chegar, primeiramente peça licença ao dono dos caminhos. A seguir, cante este ponto:

Arreia, arreia,
Rainha da gira,
Vem trabalhar,
Exu Pombagira.

Quando começar a sentir a entidade, cante o seguinte:

Salve tata pombagira,
Salve exu mullher.
Ela é na encruzilhada
A que faz tudo o que quer.

A seguir, coloque num dos lados da encruzilhada a folha com a farofa. Ponha ao lado um cigarro aceso com os outros apagados em volta (sem a embalagem). Derrame o licor em volta. Faça o seu pedido e depois diga:

> *Assim como na encruzilhada você é aquela que faz o que quer, assim também me faça o que quero. Assim como as estrelas brilham, o Sol e a Lua iluminam, assim estou confiante de que me fará o que eu quero. E logo que conseguir o que eu quero, eu lhe trarei um bom presente (diga o que vai dar em agradecimento).*

Trabalho para pedir a Maria Padilha que tome providências em relação a um inimigo

Esse trabalho deve ser feito numa encruzilhada em T, numa segunda-feira. Você precisará levar o seguinte:

1 pedaço de papel branco com o nome da pessoa escrito
1 vela bicolor (preta e vermelha)
1 garrafa de cachaça

7 rosas vermelhas abertas
7 cigarros

Escolha um dos ramos da encruzilhada para arriar a oferenda. Abra a garrafa e derrame toda a cachaça em cruz no chão, salvando Maria Padilha. Ponha o papel no centro da cruz. Acenda a vela e ponha-a em cima do papel. Acenda os cigarros e coloque-os em volta da vela. Arrume as rosas em volta da oferenda, formando uma ferradura, e diga:

> *Maria Padilha da Encruzilhada, eu lhe ofereço este pequeno presente. Em troca, peço que tome conta de Fulano/a (diga o nome completo da pessoa), que o/a castigue, que o/a tire do meu caminho. Assim que o meu pedido for atendido, voltarei aqui para agradá-la com um presente melhor.*

Para terminar, peça licença para sair. Afaste-se dando sete passos para trás, vire-se e vá embora.

Acaçá amarelo

As oferendas para Maria Padilha podem levar acaçás de milho. Os ingredientes são:

½ xícara de fubá
2 xícaras de água fria
Azeite de dendê
7 quadrados de folha de bananeira

Misture numa panela o fubá, a água e um pouco de azeite de dendê. Leve ao fogo, mexendo até formar um mingau. Coloque uma porção da massa em cada folha e embrulhe como uma trouxinha.

A folha de bananeira deve ser passada rapidamente no calor do fogo antes de usar, para ficar mais flexível.

Acaçá branco

O acaçá branco para pombagira, a princípio, não leva temperos. Os ingredientes são:

2 xícaras de água fria

1 xícara de amido de milho
7 quadrados de folha de bananeira

Misture o amido com a água. Leve ao fogo, mexendo sempre, até engrossar. Coloque uma porção da massa em cada folha e embrulhe como uma trouxinha.

A folha de bananeira deve ser passada rapidamente no calor do fogo antes de usar, para ficar mais flexível.

Champanhe rosada

Esta bebida pode ser servida num copo ou taça ao pé do assentamento de Maria Padilha, ou pode fazer parte de um ebó entregue numa encruzilhada. Os ingredientes são:

1 garrafa de vinho espumante (tipo champanhe)
1 abacaxi maduro
Pétalas de uma rosa vermelha

Bata no liquidificador o abacaxi com o espumante. Passe para uma garrafa e junte as pétalas de rosa. Empregue imediatamente.

Farofa amarela para Maria Padilha

Esta farofa é a base das oferendas de comida para essa pombagira. Os ingredientes são:

1 xícara de fubá
Azeite de dendê
1 cebola crua
1 pratinho de papel ou 1 folha de mamona

Misture o fubá com o azeite usando as mãos, sem levar ao fogo. Ponha no prato ou na folha. Enfeite com a cebola cortada em rodelas.

Padê de Maria Padilha

Esta é uma comida seca que pode estar presente nas oferendas a essa pombagira. Você vai precisar do seguinte:

1 xícara de farinha de mandioca
1 vidrinho de mel
1 pratinho de papel ou 1 folha de mamona

Misture a farinha e o mel usando as mãos, sem levar ao fogo. Ponha no recipiente e utilize.

O padê pode ser posto no pé do assentamento de Maria Padilha, como oferenda, ou pode ser parte de um ebó junto com outros materiais.

Coroa de Maria Padilha

Esta oferenda é simples mas muito forte. Pode ser dada para fazer qualquer tipo de pedido a Maria Padilha. Deve ser entregue numa encruzilhada, na segunda-feira. O material necessário é o seguinte:

1 pacote de farinha de mandioca
Mel
7 rosas vermelhas com os cabos inteiros
1 folha de mamona
3 velas bicolores (pretas e vermelhas)
1 garrafa de champanhe
1 maço de cigarros

Faça uma coroa com as rosas, trançando os seus cabos em círculo.

Misture a farinha com mel suficiente para fazer uma farofa soltinha, sem encharcar. Arrume a farofa na folha e ponha a coroa em cima.

Se for possível, você pode deixar a oferenda diante da imagem na casa da pombagira, de um dia para o outro. Senão, faça a entrega no mesmo dia. Leve tudo ao lugar escolhido. Ponha a folha num dos cantos da encruzilhada. Acenda as velas e ponha em volta, formando um triângulo. Acenda um cigarro e ponha ao lado, com os outros apagados em volta. Derrame a bebida em volta de tudo para salvar Maria Padilha. Faça seus pedidos, agradeça e vá embora.

Oferenda grande para Maria Padilha

Esta oferenda deve ser arriada numa segunda-feira, para fazer um pedido à pombagira. O material necessário é o seguinte:

1 bife de carne fresca
1 xícara de farinha de mandioca
1 punhado de camarões
Azeite de dendê
1 cebola grande cortada em rodelas

7 azeitonas pretas ou verdes
1 garrafa de champanha
7 rosas vermelhas abertas
7 velas bicolores (pretas e vermelhas)
7 cigarros
1 folha de mamona

Misture a farinha com o azeite, sem levar ao fogo. Misture os camarões e ponha na folha (ponha-a numa tigela para facilitar o serviço). Passe o bife em azeite de dendê. Ponha por cima da farofa, com a cebola e as azeitonas por cima. Enfeite com as rosas.

Leve tudo à encruzilhada escolhida. Ponha a folha com a comida num dos cantos da encruzilhada. Acenda todos os cigarros, dispondo-os em círculo em torno da folha. Acenda as velas e fixe-as em volta. Derrame a bebida em volta de tudo, fazendo seus pedidos.

Presente para Maria Padilha das Sete Calungas

Este presente pode ser dado por quem quiser fazer um pedido a essa entidade. A entrega será feita numa segunda-feira, num cemitério. O material necessário é o seguinte:

1 garrafa de licor de anis
1 maço de cigarros com filtro
7 rosas vermelhas abertas
7 velas bicolores (pretas e vermelhas)
1 folha de papel de seda preto
1 folha de papel de seda vermelho

Chegando na entrada do cemitério, bata o pé três vezes no chão, pedindo licença a Exu Porteira, que toma conta da porteira da calunga. Assim que passar do portão, peça licença a Ogum Megê, guardião dos cemitérios, para ir ao cruzeiro. Peça licença também a Iansã, que governa os eguns (os mortos).

Vá diretamente para o cruzeiro. Chegando lá, vá diante dos quatro lados do cruzeiro e repita de cada vez a saudação de Obaluaiê, dono da calunga:

"Atotô!"

Feito isso, escolha um dos lados do cruzeiro para arriar o presente.

Ponha os papéis no chão, um em cima do outro, com as pontas desencontradas para formar uma estrela. Acenda os cigarros e ponha-os em círculo no centro, com as pontas acesas para fora. Acenda as velas e prenda-as no chão em volta. Arrume as rosas formando um círculo em cima dos papéis. Derrame o licor em volta de tudo, salvando Maria Padilha das Sete Calungas, e faça seu pedido.

Para terminar, salve novamente Obaluaiê e peça licença para ir embora. Vá diretamente para a porta do cemitério. Chegando lá, salve novamente Ogum Megê e Iansã, agradecendo a ajuda e pedindo licença para sair. Antes de passar pelo portão, salve Exu Porteira. Então saia, andando de costas para a rua, e vá embora.

Trabalho para Maria Padilha dos Sete Cruzeiros da Calunga

Faça este trabalho para fazer um pedido em benefício próprio ou de outra pessoa. O trabalho deve ser feito durante sete segundas-feiras. Você vai precisar do seguinte:

7 cigarros
8 velas brancas

1 pedaço de papel branco
1 base segura para o trabalho

Escolha um lugar no exterior da sua casa para começar o trabalho. Se não tiver quintal, pode usar uma varanda ou área aberta.

Escreva no papel o nome da pessoa que deve ser beneficiada. Coloque o papel na base apropriada. Acenda uma das velas junto dele. Acenda um dos cigarros e ponha-o também ao lado. Ofereça a Maria Padilha dos Sete Cruzeiros da Calunga, pedindo:

> *Aceite esse pequeno presente, que vou lhe dar de coração durante sete semanas. Em troca, eu lhe peço que me ajude e proteja sempre (ou ajude e proteja Fulano/a — diga o nome completo da pessoa a ser beneficiada).*

Deixe o trabalho no mesmo lugar, sem tirar os restos da vela e do cigarro. Repita a oferenda nas segundas-feiras seguintes, usando a cada vez um dos cigarros e uma das velas. Quando completar as sete semanas, recolha as sobras dos cigarros e despache numa encruzilhada ou num cemitério, acendendo a oitava vela e dizendo:

Maria Padilha dos Sete Cruzeiros da Calunga, eu cumpri o que prometi. Agora estou esperando que meu pedido seja atendido. Em troca, eu lhe darei um presente melhor.

Trabalho para pedir a Maria Padilha que abra os seus caminhos (ou os de outra pessoa)

Você pode dar esse presente a qualquer caminho de Maria Padilha. Se ela for cruzada nas Almas, o trabalho será feito numa sexta-feira; caso contrário, deverá ser feito numa segunda-feira. O horário será sempre perto da meia-noite, e o local será uma encruzilhada que fique fora de seus caminhos habituais, para que você possa ficar algum tempo sem passar no lugar após fazer a oferenda. Você precisará levar o seguinte:

7 velas vermelhas
7 cigarros
1 garrafa de licor de anis

Leve todo o material à encruzilhada escolhida. Acenda todos os cigarros e ponha-os no chão formando um círculo. Acenda as velas e arrume-as formando um círculo em torno da toalha. Derrame todo o licor em volta de tudo. Ofereça o presente a Maria Padilha, pedindo-lhe que abra os caminhos da pessoa a ser beneficiada (diga o nome completo da pessoa), para que ela consiga, com a proteção da entidade, aquilo que deseja.

Presente para Maria Padilha reforçar o seu amor

Entregue este presente numa segunda-feira de lua crescente, depois das oito horas da noite, numa encruzilhada em T. Você vai precisar do seguinte:

1 coração de boi inteiro
1 xícara de farinha de mandioca
Azeite de dendê
1 cebola cortada em rodelas
1 pote de mel
1 potinho de pó de amarração
1 potinho de pó de gamação
1 potinho de pó de união
7 rosas vermelhas abertas
7 pedaços de linha, medindo meio metro cada, de cores diferentes (branco, amarelo, rosa, laranja, vermelho, grená e preto)

1 pedaço de papel branco
1 folha de mamona
1 garrafa de champanhe
7 velas bicolores (pretas e vermelhas)
1 maço de cigarros
1 alguidar

Faça uma farofa com a farinha e o azeite de dendê, sem levar ao fogo. Coloque no alguidar e enfeite com as rodelas de cebola.

Escreva sete vezes o seu próprio nome e o nome da pessoa amada no papel. Abra o coração de boi. Ponha dentro dele o papel e os três pós. Encha com mel (reserve um pouco). Feche o coração, amarre com as sete linhas e ponha no centro da farofa. Corte os cabos das rosas e arrume-as em volta do coração.

Leve tudo para a encruzilhada (inclusive a sobra do mel). Ponha a folha de mamona no chão. Acenda as velas e fixe-as em volta. Derrame a bebida em volta de tudo, enquanto faz seus pedidos. Depois acenda os cigarros e ponha-os na frente da folha. Para terminar, regue tudo com a sobra do mel.

Para desfazer um trabalho mandado para separar um casal

Se perceber que seu amado está distante, diferente, desinteressado, ofereça este presente a Maria Padilha das Sete Encruzilhadas, pedindo-lhe que quebre qualquer feitiço ou malefício que esteja sendo feito para afastá-lo de você.

Arrie a oferenda numa segunda-feira, perto da meia-noite, numa encruzilhada em cruz, com os braços bem retos. Repita todo o procedimento aqui descrito uma vez por mês, durante sete meses seguidos. O material necessário é o seguinte:

250 g de milho de pipoca
7 moelas de galinha
1 garrafa de licor de anis
7 cigarros
7 velas pretas
2 metros de fita vermelha
1 folha de mamona

Corte a fita em sete pedaços iguais. Estoure a pipoca numa panela limpa, sem óleo nem sal. Ponha-a na folha de mamona e arrume as moelas por cima.

Leve tudo para a encruzilhada escolhida. Ponha a folha de mamona no chão e enfeite arrumando as fitas sobre a comida. Despeje a bebida no chão, em círculo, salvando Maria Padilha. Acenda os cigarros, um de cada vez, falando para cada um:

Rainha Maria Padilha das Sete Encruzilhadas, eu lhe peço que venha desmanchar todos os trabalhos que possam existir, para libertar o/a meu homem/minha mulher dos feitiços e malefícios.

Vá pondo os cigarros em círculo em volta da oferenda. Quando terminar, bata palmas três vezes. A seguir, acenda as velas e arrume-as em volta de tudo.

Oferenda para que Maria Padilha favoreça a sua união

Entregue esta oferenda numa encruzilhada para pedir que Maria Padilha acalme a pessoa amada e torne seu casamento ou namoro mais harmonioso. O material necessário é o seguinte:

1 pedaço de papel branco
1 pacote de farinha de mandioca
Mel
1 maçã
7 rosas vermelhas abertas
1 folha de mamona
1 garrafa de champanhe
7 cigarros
7 velas brancas

Escreva no papel o seu próprio nome e o da pessoa amada. Ponha o papel sobre a folha de mamona.

Misture a farinha com mel suficiente para fazer uma farofa soltinha. Arrume essa farofa em cima do papel, de modo a cobri-lo bem.

Corte a maçã em sete rodelas na horizontal, de modo a mostrar a "estrela" das sementes. Corte as hastes das rosas, deixando só uma pontinha curta. Arrume as rodelas em círculo sobre a farofa e faça com as rosas um círculo por fora deste, enterrando os cabinhos na farofa.

Leve todo o material para o lugar escolhido. Ponha a folha de mamona num dos cantos da encruzilhada. Derrame a bebida em volta. Faça um círculo em volta com as velas e os cigarros, todos acesos.

Trabalho para esquentar seu romance

Peça a Maria Padilha que aumente a paixão e renove o interesse no seu casamento ou namoro, dando-lhe este presente numa encruzilhada. O material necessário é o seguinte:

1 pacote de argila para artesanato
Palitos de dentes
14 velas bicolores (pretas e vermelhas)
14 rosas vermelhas
2 garrafas de licor de anis

Use cerca de um terço da argila para modelar um casal de bonecos que representem você e a pessoa amada. Com os palitos, desenhe os detalhes, inclusive os órgãos genitais. Escreva o seu nome no boneco parecido com você e o nome da pessoa amada no outro boneco.

Com o resto da argila, modele um disco com um buraco no centro, onde caibam os dois bonecos em pé. Em volta desse buraco, faça um círculo com sete velas, alternadas com sete rosas com os cabos cortados (deixe só um pedacinho para prender na argila).

Leve os bonecos, o disco com as velas e rosas, e uma garrafa de licor, ao lugar escolhido. Ponha o disco num dos cantos da encruzilhada. Ponha os bonecos no centro, um de frente para o outro, e acenda as velas. Derrame o licor em volta do disco e faça seu pedido.

Quando seu pedido for atendido, volte ao mesmo lugar, levando as outras sete velas, sete rosas e a segunda garrafa de licor. Arrume as rosas em leque, acenda as velas em volta e derrame o licor em volta de tudo, agradecendo a Maria Padilha.

Para resolver um problema muito complicado

Quando estiver precisando de toda a ajuda espiritual que puder obter para resolver um problema muito sério de qualquer tipo, ofereça um banquete para Maria Padilha e suas companheiras que, como ela, lideram grandes legiões de pombagiras e se apresentam em muitos caminhos, tanto na encruzilhada como na calunga. O lugar ideal para a entrega é numa encruzilhada em T. O material necessário é o seguinte:

1 toalha de papel vermelha e preta
7 velas vermelhas
1 garrafa de sidra
1 maço de cigarros
7 rosas vermelhas
1 kg de carne moída
Pimenta
7 tiras de papel de seda vermelho
7 pratinhos de papel dos mais simples
7 copinhos de papel dos mais simples

Tempere a carne moída e faça com ela sete bolos crus. Escreva em cada fita, numa das pontas, o seu próprio nome e, na outra, o seu pedido.

Leve tudo para a encruzilhada escolhida. Abra a toalha num dos lados do cruzamento e diga:

Eu ofereço este banquete a Maria Padilha e suas companheiras, para que me ajudem a resolver meus problemas sobre (descreva o problema). Salve, Senhora Maria Padilha e suas companheiras Pombagira Dama da Noite,

Pombagira Rosa Vermelha, Pombagira Sete Saias, Pombagira Maria Quitéria, Pombagira Cigana e Pombagira Maria Molambo.

Acenda a primeira vela para Maria Padilha e fixe no chão perto da toalha. Perto da vela, ponha sobre a toalha uma rosa, um cigarro aceso, um copinho com sidra e um dos pratos de papel com um bolo de carne. Disponha tudo como se arrumasse o lugar de uma pessoa numa mesa de refeição. A seguir, faça o oferecimento do presente a Maria Padilha e explique o que deseja.

Repita o procedimento com as outras velas, copos, flores, cigarros e pratos. As velas devem ir seguindo o contorno da toalha, formando um círculo em volta dela, marcando os lugares na "mesa". Quando terminar de arrumar cada conjunto, ofereça-o a uma das outras pombagiras e repita o seu pedido, até completar o círculo.

Trabalho para unir um casal

Este trabalho se destina a pedir a ajuda de Maria Padilha para reconciliar um casal, e deve ser entregue numa segunda-feira, à meia-noite, no cruzeiro ou junto à porta de um cemitério. O material necessário é o seguinte:

1 pedacinho de uma roupa usada de cada um (botão, fiapo, etc.)
Linha de costura vermelha
Agulha de costura
1 xícara de fubá
1 vidrinho de azeite de dendê
1 folha de mamona
7 tiras de papel de seda vermelho
1 garrafa de champanhe
7 rosas vermelhas abertas
7 velas vermelhas
7 cigarros

Prenda os dois pedacinhos das roupas juntos, costurando-os ou amarrando com a linha.

Misture o fubá com o dendê, a frio, e ponha na folha de mamona.

Leve todo o material para o local escolhido. Ponha a folha no chão. Arrume as fitas por cima, como raios de uma roda, e ponha os pedaços das roupas no centro. Forme em volta três círculos concêntricos: o primeiro com as rosas, depois com as velas acesas e por fim com os cigarros acesos. Despeje a bebida em volta de tudo.

Trabalho para separação

Este trabalho se destina a pedir a ajuda de Maria Padilha para afastar duas pessoas. A decisão de usá-lo deve ser tomada com muito critério, e a magia só deve ser feita se for realmente a melhor alternativa para duas pessoas que não conseguem se libertar de uma relação prejudicial, seja ela amorosa, de trabalho, etc. Ele deve ser entregue numa segunda-feira, à meia-noite, no cruzeiro ou junto à porta de um cemitério. O material necessário é o seguinte:

1 pedacinho de uma roupa usada de cada um (botão, fiapo, etc.)
Linha de costura preta
Agulha de costura
1 xícara de fubá
1 vidrinho de azeite de dendê
1 folha de mamona
7 tiras de papel de seda vermelho
1 garrafa de champanha

7 rosas vermelhas abertas
7 velas pretas
7 cigarros

Prenda os dois pedacinhos das roupas juntos, costurando-os com a linha.

Misture o fubá com o dendê, a frio, fazendo uma farofa úmida, e ponha na folha.

Leve todo o material para o local escolhido. Ponha a folha no chão. Arrume as fitas por cima, como raios de uma roda, e ponha os pedaços das roupas no centro. Forme em volta três círculos concêntricos: o primeiro com as rosas, depois com as velas acesas e por fim com os cigarros acesos. Despeje a bebida em volta de tudo.

Trabalho para pedir a Maria Padilha dos Sete Cruzeiros da Calunga ajuda no casamento

Quando um homem está se afastando da vida familiar por causa de jogo e más companhias, Maria Padilha dos Sete Cruzeiros da Calunga pode ajudar para que ele se torne mais caseiro. Deve ser entregue junto ao cruzeiro de um cemitério, numa segunda-feira em que a Lua esteja no quarto crescente. O material necessário é o seguinte:

7 botões tirados de uma roupa antiga do homem
1 xícara de milho de pipoca
1 garrafa de licor de anis
7 rosas vermelhas abertas
7 velas vermelhas
1 folha de mamona
7 tiras de papel de seda vermelho

Para começar, prepare a pipoca sem gordura nem sal.

Leve todo o material para o lugar escolhido. Ponha a folha no chão e coloque a pipoca em cima. Ponha os botões no centro. Enfeite com as fitas e as rosas.

Prenda as velas acesas no chão, formando um círculo em volta da toalha. Despeje o licor em volta.

Oferenda para Maria Padilha das Sete Encruzilhadas abrir os caminhos

Esta oferenda deve ser entregue numa encruzilhada que fique numa subida. O material necessário é o seguinte:

7 acaçás brancos (veja a receita neste livro)
1 porção de farinha de mandioca
Mel
Azeite de dendê
Azeite de oliva
Vinho tinto doce
Champanhe ou sidra
Cachaça
Água
7 rosas vermelhas
7 velas bicolores (pretas e vermelhas)
7 cigarrilhas
1 folha de mamona

Pegue sete punhados da farinha e faça com eles sete farofas diferentes: uma com dendê, outra com azeite doce, outra com mel, outra com vinho, outra com champanha, outra com cachaça e outra com água. Apenas misture os ingredientes a frio, e use apenas o líquido suficiente para umedecer a farinha, sem encharcar.

Tendo as farofas e os acaçás prontos, comece o ritual no terreiro ou em casa. Passe cada farofa no corpo da pessoa a quem o trabalho se destina, e vá arrumando dentro da folha de mamona (ponha numa tigela para facilitar). Depois faça o mesmo com os acaçás e com as rosas, pondo-os por cima das farofas. Passe também os outros materiais, mas guarde separadamente. Enquanto faz isso, vá chamando Maria Padilha e fazendo o pedido.

Feito isso, leve tudo para o lugar da entrega. Ponha a folha com as farofas e os acaçás no chão, num dos braços da encruzilhada, no sentido da subida. Arrume em volta da folha as velas e as cigarrilhas acesas.

Presente para pedidos de amor

Entregue essa oferenda numa encruzilhada para fazer um pedido de amor a Maria Padilha. O material necessário é o seguinte:

Papel de seda branco ou cor-de-rosa
Lápis ou caneta
7 rosas vermelhas meio abertas
7 pedaços de linha vermelha fininha, medindo
  cerca de 20 cm cada um
2 xícaras de farinha de mandioca
1 maçã vermelha

Mel
7 velas vermelhas
1 folha de mamona

Corte sete pedaços de papel no formato de cartões pequenos. Escreva em todos eles o seu pedido.

Corte a maior parte do cabo das rosas, deixando um pedaço pequeno, sem espinhos. Enrole cada um dos cartões no cabo de uma das rosas e prenda com uma das linhas, arrematando com um laço.

Corte a maçã em cubinhos bem pequenos e leve ao fogo para caramelar rapidamente. Reserve. Misture a frio a farinha com mel, o quanto baste para fazer uma farofa úmida, mas não encharcada, e acrescente a maçã. Coloque a farofa na folha e enfeite com as rosas.

Leve tudo para o lugar escolhido. Ponha a oferenda num dos ramos do cruzamento e acenda as velas em volta, oferecendo a Maria Padilha.

Trabalho forte para desfazer feitiço que provocou uma separação

Este trabalho se destina a pedir o auxílio de Maria Padilha para uma pessoa que foi abandonada pelo companheiro (ou companheira) pela força de um feitiço. Ele deve ser entregue numa encruzilhada em cruz, de preferência que seja de terra, à meia-noite. O material necessário é o seguinte:

Papel de seda branco
1 fotografia do casal que foi separado pelo feitiço
Farinha de mandioca
Azeite de dendê
Água
1 folha de mamona
21 velas bicolores (pretas e vermelhas)
1 charuto
1 maço de cigarros
1 garrafa de cachaça
1 garrafa de champanha
7 ovos
1 pedaço de tábua para riscar o ponto de Maria Padilha

1 pemba vermelha
1 vela branca comum
Sal grosso

Escreva nas costas do retrato o nome completo, a data de nascimento e o endereço da pessoa que abandonou a que será beneficiada pelo trabalho. Escreva num pedaço de papel os dados da pessoa que foi abandonada. Escreva em outro pedaço pequeno de papel os nomes das duas pessoas que foram separadas pelo feitiço. Escreva o nome do homem em todos os cigarros do maço e o nome da mulher nos ovos.

Misture um pouco da farinha com azeite de dendê para fazer uma farofa úmida; ponha no alguidar, por cima da fotografia do casal. Misture o resto da farinha com água apenas suficiente para fazer uma massa consistente, que possa ser modelada; guarde num pote.

A tábua, a pemba, a vela branca e o sal ficarão em casa. Leve o resto do material para o lugar escolhido.

Chegando lá, acenda uma das velas bicolores num dos cantos da encruzilhada para Exu Tranca-Rua das Sete Encruzilhadas, outra em outro canto para Ogum de Ronda, outra no terceiro canto para Pombagira Cigana e outra no quarto canto para Maria Padilha das Sete Encruzilhadas.

Ponha a folha de mamona no chão perto dessa quarta vela. Divida a massa de farinha em sete bolos. Pegue um deles, parta no meio com as mãos e diga:

Maria Padilha das Sete Encruzilhadas, como eu parto este bolo, una Fulano e Fulana.

Ponha na folha as partes separadas.
Repita com outro bolo, dizendo:

Maria Padilha das Sete Encruzilhadas, abra os caminhos para que Fulano(a) volte agora para Fulana(o).

Repita com o terceiro bolo, dizendo:

Maria Padilha das Sete Encruzilhadas, faça com que Fulano(a) procure logo Fulana(o).

Repita com o quarto bolo, dizendo:

Maria Padilha das Sete Encruzilhadas, faça com que Fulano(a) volte agora para Fulana(o).

Repita com o quinto bolo, dizendo:

Maria Padilha das Sete Encruzilhadas, abra os caminhos para que Fulano(a) só pense em Fulana(o).

Repita com o sexto bolo, dizendo:

Maria Padilha das Sete Encruzilhadas, desfaça o trabalho que separou Fulano e Fulana.

Modele o sétimo bolo pondo dentro o papel pequeno com os nomes do casal, e coloque-o inteiro sobre a farofa. Ponha ao lado o papel com os dados da pessoa abandonada. Fixe em volta da folha as outras velas acesas e despeje as duas bebidas em volta de tudo.

Leve o charuto para o canto onde salvou Exu. Acenda o charuto, dê sete tragadas, chamando Maria Padilha e Exu das Sete Encruzilhadas, e depois ponha-o junto da vela. Volte para perto da folha de mamona, acenda todos os cigarros e ponha-os em fila na frente do trabalho.

Pegue os ovos, vire-se de costas para o trabalho e vá jogando-os para trás, um por um, dizendo a cada um:

> *Maria Padilha das Sete Encruzilhadas, assim como eu quebro estes ovos, quebre o trabalho que separou Fulano e Fulana.*

Vá embora sem olhar para trás. Chegando em casa, tome um banho com o sal grosso (seu acompanhante deve tomar também). A seguir, desenhe um ponto de Maria Padilha na tábua, usando a pemba. Cante um ponto de Maria Padilha para firmar o ponto riscado e acenda a vela branca ao lado. Deixe o ponto firmado por 21 dias ou até que o pedido seja atendido.

Ebó para amarração com Maria Padilha

Faça esta oferenda para pedir a Maria Padilha que seu amor fique sempre muito apaixonado por você. Entregue numa encruzilhada em cruz, que seja preferivelmente de terra. O material necessário é o seguinte:

Papel de seda branco
7 corações de galinha
7 morangos maduros e perfeitos
7 rosas vermelhas abertas
7 velas vermelhas
Mel
Azeite de dendê
1 garrafa de champanhe
1 frasco de perfume da sua preferência
7 cigarros
1 folha de mamona

Corte sete pedaços de papel. Escreva em cada um o nome da pessoa amada. Ponha cada papel dentro de um dos corações de galinha e arrume-os no centro da folha de mamona, com os morangos em volta. Regue com o mel e o dendê. Tire as pétalas das rosas e espalhe por cima de tudo.

Leve o material todo ao lugar escolhido. Ponha a folha num dos cantos da encruzilhada. Disponha em volta as velas acesas, enquanto chama Maria Padilha e faz seu pedido.

Espalhe o perfume sobre a travessa e em volta dela. Depois despeje o champanhe em volta de tudo. Para terminar, acenda todos os cigarros e arrume em leque na frente da folha.

Presente para pedir que Maria Padilha lhe traga um novo amor

Faça este trabalho se quer que Maria Padilha descubra uma boa pessoa para ser seu amor. Entregue numa encruzilhada em T, numa segunda-feira da lua nova. O material é o seguinte:

1 coração de boi inteiro
1 xícara de farinha de mandioca
Mel
1 folha de mamona
7 rosas vermelhas abertas, sem o cabo
1 garrafa de licor de anis
7 tiras de papel de seda vermelho
7 velas vermelhas
7 cigarrilhas

Misture a farinha com um pouco de mel, de modo a fazer uma farofa soltinha. Despeje-a sobre a folha de mamona. Ponha por cima o coração, apoiado na parte larga e com a ponta para cima.

Leve tudo para o lugar escolhido. Ponha a oferenda num dos cantos da encruzilhada. Enfeite com as fitas de papel, dispondo-as como preferir. Ponha em volta da folha as rosas, as velas e as cigarrilhas acesas. Despeje o licor em volta.

Presente para pedir que Maria Padilha traga o seu amor de volta

Faça este trabalho se o seu amor foi embora e você o quer de volta. Entregue numa encruzilhada em T, numa segunda-feira de lua crescente. O material é o seguinte:

1 coração de boi inteiro
1 xícara de farinha de mandioca
Mel
1 folha de mamona
1 pedaço de papel branco
7 rosas vermelhas abertas, sem o cabo
1 garrafa de licor de anis
7 tiras de papel de seda vermelho

7 velas vermelhas
7 cigarrilhas

Escreva no papel o nome do seu amor e ponha sobre a folha de mamona. Misture a farinha com um pouco de mel, de modo a fazer uma farofa soltinha. Despeje-a na folha, cobrindo o papel. Ponha por cima o coração de boi, apoiado na parte larga e com a ponta para cima.

Leve tudo para o lugar escolhido. Ponha a oferenda num dos cantos da encruzilhada. Enfeite com as fitas de papel, dispondo-as como preferir. Ponha em volta da folha as rosas, as velas e as cigarrilhas acesas. Despeje o licor em volta.

Ebó para que Maria Padilha do Cabaré lhe traga um novo amor

Este trabalho deve ser feito numa encruzilhada de terra, num lugar de pouco movimento. Você deve levar um acompanhante para ajudar no ritual e fortalecer o trabalho. O material é o seguinte:

1 pacote de farinha de mandioca
Mel

Óleo de amêndoa
Canela em pó
Erva-doce
1 folha de mamona
1 garrafa de licor de anis
1 vela vermelha
1 rosa vermelha aberta

Misture a farinha com um pouco do óleo de amêndoa, do mel, da canela e da erva-doce. Ponha sobre a folha e leve tudo para o local escolhido.

Passe a farofa no seu corpo, do pescoço para baixo, chamando Maria Padilha do Cabaré e pedindo que lhe traga um homem que corresponda ao seu ideal.

Feito isso, ponha a folha no chão, acenda a vela ao lado e ponha a rosa junto da folha. Despeje o licor em volta do presente.

Presente para que Maria Padilha traga o seu amor de volta

Entregue este presente numa encruzilhada se teve um desentendimento com o seu amor e quer que ele retorne apaixonado. Você vai precisar do seguinte material:

1 maçã bem vermelha
7 palitos de madeira
1 pedaço de papel de seda vermelho
Mel
1 vela vermelha
1 garrafa de champanhe
1 maço de cigarros

Escreva no papel o nome da pessoa amada. Corte a maçã ao meio, sem separar totalmente as duas partes. Ponha o papel dentro da fruta, feche-a e prenda as duas metades cravando os palitos de lado a lado.

Leve a maçã e a vela ao lugar escolhido. Ponha a maçã num dos cantos da encruzilhada, acenda a vela ao lado, ofereça a Maria Padilha e faça o seu pedido.

Depois que o pedido for atendido, volte ao mesmo lugar levando o champanhe e os cigarros. Arrume no chão todos os cigarros acesos e despeje a bebida em volta, agradecendo a Maria Padilha.

Ebó para Maria Padilha

Dê esse presente à pombagira para fazer um pedido, um agrado ou para agradecer sua ajuda. Você vai precisar do seguinte:

1 xícara de fubá de milho
Azeite de dendê
7 rosas vermelhas abertas
1 quadrado de folha de bananeira
1 garrafa de licor de anis.

Misture aos poucos o fubá com azeite de dendê, o quanto baste para fazer uma farofa úmida. Corte os cabos das rosas.

Leve tudo a uma encruzilhada. Coloque a folha de bananeira no chão, num dos cantos da encruzilhada. Arrume a farofa formando um montinho sobre a folha e ponha as rosas em volta, fazendo um círculo na borda da farofa. Despeje todo o licor cercando a folha. Ofereça a Maria Padilha e faça seus pedidos ou agradecimentos.

Ebó para o amor

Faça este ebó para pedir a Maria Padilha que traga seu amor para você. O material necessário é o seguinte:

1 pacote pequeno de fubá
1 litro de água
Sal
Pimenta
7 quadrados de folha de bananeira
Fios de palha
Papel de seda branco
1 garrafa de licor de anis
7 velas vermelhas
Fósforos
1 folha de mamona

Misture o fubá com a água, sal e pimenta a gosto. Leve ao fogo, mexendo até engrossar. Passe os quadrados de folha de bananeira no fogo rapidamente e reserve.

Enquanto o angu esfria, corte sete pedaços pequenos de papel e escreva em cada um deles o nome da pessoa amada.

Divida a massa em sete porções. Pegue cada porção, ponha dentro um dos pedaços de papel, coloque a massa sobre um quadrado de folha de bananeira, embrulhe e amarre com palha. Repita com todas as porções.

Ponha os acaçás na folha de mamona e leve junto com os outros materiais a uma encruzilhada. Ponha a folha num dos cantos da encruzilhada e acenda as velas em volta. Despeje o licor em volta. Ofereça a Maria Padilha, fazendo seus pedidos.

Agrado para Maria Padilha

Entregue este presente numa encruzilhada, numa segunda-feira de quarto crescente, para fazer um pedido ou agradecimento a Maria Padilha. O material necessário é o seguinte:

1 pacote pequeno de farinha de mandioca
Mel
1 maçã bem vermelha
7 rosas vermelhas abertas
7 tiras de papel de seda vermelho
7 tiras de papel de seda preto

1 garrafa de champanha
1 maço de cigarrilhas
1 folha de mamona

Misture a farinha com um pouco de mel, de modo a fazer uma farofa soltinha. Arrume a farofa no centro da folha de mamona, formando um morrinho.

Corte a maçã em sete rodelas e ponha-as em círculo em cima da farofa. Corte os cabos das rosas e arrume-as em círculo em volta da farofa. Enfeite tudo com as tiras de papel dispostas como raios de uma roda, alternando as cores.

Leve tudo para o lugar escolhido. Ponha a folha de mamona num dos cantos da encruzilhada. Acenda as cigarrilhas e arrume na frente da folha. Derrame a bebida em volta.

Trabalho de amarração

Faça este trabalho numa noite de segunda-feira de lua cheia. O pedido pode ser para você ou para outra pessoa. O material necessário é o seguinte:

1 pedaço de papel de seda branco

1 xícara de farinha de mandioca
Mel
1 lima-da-pérsia
1 búzio
7 rosas vermelhas abertas
1 folha de mamona
Açúcar comum
1 garrafa de licor de anis
1 vela vermelha

Corte um pedaço pequeno do papel. Escreva nele os nomes das pessoas que deseja amarrar: você e a pessoa amada, ou outro casal. Dobre bem o papel e ponha dentro do búzio.

Misture a farinha com um pouco de mel, fazendo uma farofa soltinha. Ponha sobre a folha de mamona e coloque o búzio no centro. Corte a lima-da-pérsia em sete rodelas e arrume-as em círculo em volta do búzio. Corte os cabos das rosas e arrume-as em volta das rodelas de lima-da-pérsia. Polvilhe tudo com açúcar.

Leve tudo para o lugar escolhido. Ponha a oferenda num dos cantos da encruzilhada. Acenda a vela e ponha ao lado A seguir despeje a bebida em volta. Salve Maria Padilha e faça o seu pedido.

Trabalho para Maria Padilha da Calunga ajudar com emprego

Faça esta oferenda no cruzeiro de um cemitério, numa segunda-feira à noite, se perdeu o emprego por causa de um feitiço. O material necessário é o seguinte:

1 folha de mamona
7 conchas pequenas
1 vidrinho de mel
1 pacote pequeno de fubá
1 garrafa de cachaça
1 charuto
8 velas brancas
1 galho de arruda
Sal grosso
1 copo com água

Leve para o local escolhido a folha de mamona, as conchas, o fubá, o mel, a cachaça, o charuto, sete velas e o galho de arruda. Na entrada do cemitério, peça licença a Exu, Ogum e Iansã. Depois vá diretamente ao cruzeiro.

Depois de pedir licença a Obaluaiê, coloque a folha no chão e ponha as conchas dentro dele. Despeje por cima todo o mel e depois todo o fubá. Enquanto faz isso, cante três vezes um ponto de Maria Padilha da Calunga. Acenda o charuto e ponha-o sobre a oferenda. Acenda as velas e prenda-as no chão, formando um círculo em torno da folha. Despeje a cachaça em volta. Enquanto faz isso, chame Maria Padilha e faça seu pedido.

Para terminar, bata o galho de arruda no corpo todo. Em seguida, quebre-o no meio e guarde uma parte. Jogue a outra no chão e pise com bastante força.

Agradeça a Obaluaiê e vá embora. Chegando na porta do cemitério, agradeça a Ogum, Iansã e Exu, e saia andando de costas para a rua. Quando estiver passando no portão, deixe o pedaço do galho de arruda no lado direito da passagem.

Quando chegar em casa, tome um banho com o sal grosso. Em seguida, acenda a última vela para o seu anjo da guarda, pondo o copo com água ao lado.

Espere até a segunda-feira para voltar a procurar emprego.

Oferenda para Maria Padilha casamenteira

Entregue esta oferenda numa encruzilhada, numa segunda-feira de quarto crescente, para pedir que a Rainha dê um empurrãozinho na pessoa amada e acelere sua união. O material necessário é o seguinte:

1 par de alianças (podem ser de bijuteria)
1 pedaço de papel de seda vermelho
1 pacote pequeno de farinha de mandioca
Mel
1 folha de mamona
1a maçã vermelha
1 laranja-lima
1 garrafa de champanha
7 velas vermelhas

Escreva no papel os nomes das duas pessoas que deseja unir. Embrulhe as alianças juntas no papel. Enquanto faz isso, mentalize o seu pedido.

Misture a farinha com um pouco de mel, fazendo uma farofa soltinha. Arrume-a na folha de mamona e ponha no centro o embrulho das alianças. Corte a maçã e a laranja em rodelas e arrume-as em círculo, alternadas, em volta do embrulho.

Leve tudo para o lugar escolhido. Ponha a folha num dos cantos da encruzilhada, com as velas acesas em volta. Despeje a bebida em volta. Chame Maria Padilha e faça seu pedido.

Trabalho para Maria Padilha do Cabaré abrir os caminhos para a prosperidade

Entregue esta oferenda numa encruzilhada, de preferência de terra, para pedir que Maria Padilha do Cabaré ajude em seus negócios e ganhos. O material necessário é o seguinte:

2 folhas de papel de seda, sendo uma vermelha e uma preta
1 maçã bem vermelha
1 rosa vermelha aberta
7 doces comprados prontos (cocada, doce de abóbora, etc.)
1 vela bicolor (preta e vermelha)
1 cigarro
1 frasco de perfume da sua preferência
1 garrafa de champanhe

Leve todo o material ao lugar escolhido. Ponha no chão as folhas de papel superpostas, com as pontas desencontradas, formando uma estrela. Arrume em cima a maçã, a rosa e os doces desembrulhados. Ponha a vela e o cigarro, ambos acesos, ao lado do arranjo. Derrame o perfume em cima do presente e o champanhe em volta de tudo.

Ebó para conseguir um emprego

Se você perdeu o emprego, peça a Maria Padilha que abra seus caminhos para conseguir um trabalho novo. Entregue-o numa encruzilhada, numa segunda-feira de lua nova. O material necessário é o seguinte:

1 pacote pequeno de farinha de mandioca
Mel
1 folha de mamona
7 conchas
7 rosas vermelhas abertas
1 vela branca

Misture a farinha com um pouco de mel, para fazer uma farofa soltinha. Arrume na folha de mamona, com as conchas formando um círculo em cima.

Leve tudo para o lugar escolhido. Ponha a folha num dos braços da encruzilhada. Espete os cabos das rosas na farofa, enfeitando a volta toda. Acenda a vela e ponha do lado. Ofereça a Maria Padilha e faça seu pedido.

Ebó forte para fartura

Entregue esta oferenda numa encruzilhada em cruz, pedindo a Maria Padilha que abra seus caminhos para a fartura. Você precisará do seguinte material:

2 pacotes grandes de farinha de mandioca
Mel
Azeite de dendê
Água
Cachaça
4 folhas de mamona
7 rosas vermelhas abertas, sem os espinhos
7 favas garra-de-pombagira
7 favas olho-de-exu
1 garrafa de vermute branco

7 cigarrilhas
3 velas brancas

Divida a farinha em quatro porções iguais. Use cada uma para fazer uma farofa soltinha, misturando os ingredientes com as mãos, sem levar ao fogo. A primeira será de mel, a segunda de azeite de dendê, a terceira de cachaça e a quarta de água. Ponha cada farofa numa das folhas de mamona.

Tire os cabos das rosas e ponha-as em cima da farofa de mel. Enfeite a farofa de cachaça com as garras-de-pombagira e a farofa de dendê com os olhos-de-exu.

Leve todo o material para o lugar escolhido. Acenda as velas e prenda-as no chão, formando um triângulo grande. Arrume as quatro farofas dentro do triângulo. Despeje o vermute em toda a volta. Acenda as cigarrilhas e arrume-as em fila, diante das tigelas, dentro do triângulo.

Feitiços de Maria Padilha

Esta seção apresenta uma coleção de encantamentos e simpatias da magia tradicional que, portanto, fazem parte da sabedoria popular. Você tem todo o direito de aprender e utilizar esse conhecimento. Apenas, procure se guiar pelo bom senso e tome cuidado com as escolhas que fizer, lembrando que elas terão consequências na sua própria vida e na de outras pessoas. Se quiser ser feliz, adote a regra de ouro da magia: sem prejudicar ninguém, realize a sua vontade.

Para atrair alguém

Este feitiço pode ser feito para atrair uma pessoa conhecida em quem você tenha interesse. O material necessário é o seguinte:

1 retalho de pano vermelho
Linha vermelha
Tesoura e agulha
1 pedaço pequeno de papel branco
1 fava chama
1 rosa vermelha aberta
1 punhado de benjoim
Fita vermelha
1 vela branca comum

Dobre o pano ao meio e corte duas vezes o molde de um coração. Costure as duas partes juntas, fazendo um saquinho. Deixe uma abertura na costura.

Escreva o nome da pessoa amada no papel e embrulhe a fava com ele. Corte um pedaço de linha medindo cerca de cinco palmos. Amarre o embrulho com essa linha, dando várias voltas e fazendo um nó forte a cada volta, até a linha acabar. Enquanto faz isso, repita o seu pedido a Maria Padilha.

Ponha o embrulho dentro do coração, junto com as pétalas da rosa e o benjoim. Costure a abertura do coração, prendendo um pedaço de fita suficiente para fazer uma alça.

Acenda a vela num lugar seguro, ponha o coração diante dela e entregue a Maria Padilha, pedindo que se encarregue do seu amor. Depois que a vela terminar de queimar, pendure o saquinho entre as suas roupas.

Para conquistar o amor de uma mulher

Este feitiço é destinado a quem deseja despertar a paixão de uma mulher e começar um relacionamento amoroso com ela. Você vai precisar do seguinte:

1 fotografia da mulher amada
1 objeto que saiba que irá agradar à pessoa (joia, roupa, etc.) para dar de presente a ela

Ao escolher o presente, tenha cuidado. Ele deve ser de bom gosto e adequado ao nível de familiaridade que você tem com a mulher. Ele vai estar impregnado da força mágica de Maria Padilha para despertar a paixão, mas não deverá dar a impressão de que você está "forçando a barra" ou sendo inconveniente. E deve ser do gosto da mulher, para que ela realmente o use.

Escreva sobre a foto o nome de Maria Padilha. Ponha a fotografia num lugar escondido na sua casa, com o presente em cima ou embaixo (conforme for mais conveniente pelo formato dele). Durante sete noites seguidas, fique diante da fotografia, concentre-se e recite a seguinte oração:

Minha querida Maria Padilha, rainha das pombagiras, eu lhe peço que use o seu poder sobre os desejos da mulher que eu quero. Faça com que ela seja minha e eu vou lhe dar a minha devoção para sempre.

Na próxima etapa você vai procurar um jardim frequentado por pombos. Durante sete dias seguidos, vá a esse jardim, levando a fotografia, o presente e alguma comida para dar aos pombos. Procure um pombo preto. Ponha a fotografia no chão, com um pouco de comida, e faça o pombo preto comer pisando sobre o retrato da pessoa. Segurando o presente com força, repita sete vezes o nome de Maria Padilha e termine assim:

Fulana (o nome da pessoa) será minha, pelo voo deste pombo preto.

No fim do sétimo dia, procure encontrar a mulher que ama, para lhe dar o presente. No dia seguinte, volte ao jardim e alimente de novo o pombo preto. Quando a ave terminar de comer, dê um jeito dela sair voando. Então o feitiço estará completo e a mulher sentirá uma atração irresistível por você.

Para que o encanto seja duradouro, volte ao jardim uma vez por mês e alimente um pombo preto sobre a fotografia da sua amada.

Para conquistar o amor de um homem

Este feitiço é destinado a quem deseja despertar a paixão de um homem e começar um relacionamento amoroso com ele. Você vai precisar do seguinte:

1 frasco novo de um perfume bem sensual
1 objeto de uso pessoal do homem que deseja, e que ele tenha usado bastante: 1 peça de roupa, 1 relógio ou 1 pulseira antiga, 1 velho chaveiro, etc.
1 objeto novo do mesmo tipo, para lhe dar de presente
1 caixa que possa servir como viveiro para um inseto vivo

Você precisará pegar um besouro ou outro inseto de cor verde, vivo e saudável. Ponha-o na caixa e coloque-a sobre um móvel no seu quarto, junto com o objeto do seu amado, o perfume e o presente que comprou para ele.

Você precisará descobrir qual é o alimento adequado para o inseto. Então, durante sete dias seguidos, sem que ninguém veja, alimente o inseto, pondo-o, da melhor forma possível, junto aos dois objetos, o velho e o novo, e o perfume. Sempre que fizer isso, chame Maria Padilha e diga:

Querida Maria Padilha, ponha a sua força mágica neste perfume, para que com ele eu possa encantar o meu amado, e neste presente para que ele grave a minha imagem no coração dele. Maria Padilha, pelo seu poder, Fulano (nome do homem) será meu, pelo voo deste inseto verde.

Passados os sete dias, vá encontrar o seu amado, usando o perfume encantado, e dê-lhe o presente sob um pretexto qualquer. Feito isso, leve a caixa até o lugar onde encontrou o inseto e solte-o. Quando ele se libertar, o feitiço estará completo e o seu amado sentirá uma atração irresistível por você.

Para que o feitiço seja duradouro, guarde o objeto usado do seu amado dentro da caixa, junto com uma miniatura de um inseto verde (pode ser um pingente ou um amuleto), e esconda a caixa entre os seus pertences. E sempre que for encontrar o seu amado, use o perfume que enfeitiçou.

Trabalho forte de amarração

Este trabalho se destina a esquentar e fortalecer um relacionamento que já existe. Você pode fazê-lo para si ou para outra pessoa. O material necessário é o seguinte:

1 pedaço de papel branco
Mel
Pimenta vermelha
7 velas vermelhas
1 prato raso e grande de barro

Escreva no papel os nomes das duas pessoas que quer aproximar. Ponha-o no centro do prato.

Misture um pouquinho de mel com uma pitadinha de pimenta, só para esquentar a paixão, e pingue sobre o papel (só umas gotinhas, sem molhar o papel).

Fixe as velas em círculo no prato, em volta do papel. Acenda-as, chame Maria Padilha e faça o seu pedido. Deixe as velas queimarem. Quando elas estiverem quase terminando, pegue o papel e queime-o na chama das velas. Quando as velas queimarem totalmente, junte as cinzas e enterre junto a uma planta.

Banho de cheiro para o amor

Tome esse banho quando tiver um encontro e quiser esquentar o seu romance. O material necessário é o seguinte:

1 garrafa de água mineral sem gás
Essência de almíscar
Essência de verbena
Essência de benjoim

Pingue sete gotas de cada essência na água, e misture bem. Depois de tomar um banho de higiene comum, despeje o líquido do pescoço para baixo.

Aroma do amor

Use esta receita para fortalecer seu poder de atração e preparar sua casa para um encontro de amor. O material necessário é o seguinte:

Folhas de alecrim fresco
Folhas de malva fresca
Folhas de manjericão fresco
Pétalas de rosa vermelha
Sementes de erva-doce
Água
1 aquecedor do tipo usado para fazer fondue ou para nebulização

Coloque o aquecedor num lugar seguro, onde ele possa espalhar o aroma no ambiente que deseja perfumar. Ponha a água no recipiente próprio. Acenda o aquecimento: dependendo do aparelho, pode ser uma vela, um fogareiro a álcool ou eletricidade.

Pegue um punhado de cada erva. Esmigalhe com as mãos e jogue na água. Deixe o vapor perfumado se espalhar no ambiente. Se for preciso, acrescente mais água e mais ervas, enquanto quiser continuar aromatizando o local.

Para que o fogo da Rainha traga o seu amor

Faça este feitiço para atrair uma pessoa conhecida por quem se interessa. O material necessário é o seguinte:

1 pedaço pequeno de papel branco
7 fios de cabelo da pessoa amada
1 frasquinho de pó de atração
1 rosa vermelha
1 vela branca comum
1 pratinho de barro

Escreva no papel o nome completo da pessoa amada. Faça um torcidinho do papel com os fios de cabelo, tomando cuidado para o papel não rasgar.

Prenda a vela acesa no prato. Chame Maria Padilha e faça seu pedido, enquanto queima o torcidinho na chama da vela. Deixe a cinza cair no fundo do prato. Quando a vela terminar de queimar, entregue a rosa numa encruzilhada como presente para Maria Padilha, e ponha ao lado, diretamente no solo, a cinza do pedido misturada com o pó de atração.

Reflexo do amor

Use o antiquíssimo feitiço do espelho para atrair a pessoa amada. O material necessário é o seguinte:

1 objeto com espelho que possa ser dado de presente para a pessoa amada (1 jogo de toalete, 1 estojo de maquiagem, 1 chaveiro com enfeite reflexivo, 1 peça para a escrivaninha, etc.)
1 garrafa de champanhe
1 vela vermelha
1 lápis que sirva para escrever no espelho (e que possa ser apagado)
1 copo ou cálice

Comece o feitiço numa segunda-feira de lua nova. Escreva no espelho o nome completo da pessoa amada e o seu pedido. Faça isso com cuidado, para depois poder limpar completamente sem deixar marcas nem arranhões.

Se puder, ponha o objeto diante da imagem de Maria Padilha. Se não, escolha um lugar seguro e discreto onde o feitiço possa ficar. Coloque de um lado o copo com champanhe e do outro a vela acesa. Chame Maria Padilha e peça que ela tome o espelho para si e ponha nele a sua força para inspirar amor por você.

Deixe o feitiço como está por sete dias. Todos os dias, mire-se no espelho e repita o pedido.

Feito isso, use o champanhe do copo para limpar o escrito no espelho. A seguir, faça um embrulho bonito do objeto e dê de presente para a pessoa amada, usando um pretexto plausível, para que ela não desconfie do encantamento.

Poderoso feitiço do sapo para se fazer amar

Na tradição antiga, o sapo era símbolo da força mágica da sedução. Os antigos desenhavam sapos nas paredes, usavam-nos como pingentes e enfeites nas casas. Você também pode usar o poder desse bichinho para atrair irresistivelmente aquela pessoa que despertou o seu desejo. Você vai precisar do seguinte:

1 miniatura de sapo, de plástico ou louça, do tamanho que preferir
1 pedaço de papel
1 fita fina vermelha
1 tigela bonita, não muito alta, em que o sapo caiba com folga
Pedrinhas de aquário vermelhas ou grãos de sílica para criar plantas na água
Sementes de alpiste
Água

Numa segunda-feira de lua cheia, pegue o sapinho com as duas mãos e apresente-o para a Lua, dizendo:

Sapo, sapinho, pelo poder da Rainha Maria Padilha, assim como eu tenho você nas minhas mãos, que Fulano/a (diga o nome da pessoa) não tenha sossego nem descanso, enquanto para mim não se virar com todo o seu coração, corpo, alma e vida.

A seguir, escreva no papel o seu próprio nome e o nome da pessoa amada. Faça um rolinho bem apertado com ele e amarre no pescoço do sapo, dizendo:

Sapo, sapinho, pelo poder da Rainha Maria Padilha, assim eu amarro Fulano/a (o nome da pessoa), para que ele(a) não tenha sossego nem descanso em parte alguma do mundo sem a minha companhia, e ande cego para todas as outras pessoas. Que só veja a mim, e só tenha o pensamento voltado para mim.

Feito isso, forre a tigela com as pedrinhas ou a sílica e ponha o sapo por cima, encaixando-o um pouco entre as pedras. Ponha água no fundo, tomando cuidado para que ela não forme uma poça na superfície. Espalhe as sementes em volta do sapo.

Coloque a tigela num lugar arejado, mas sem sol direto, e diga:

> *Fulano/a (nome da pessoa), aqui está você, preso(a) e amarrado(a), sem que veja sol nem luz, enquanto não me amar. Seu amor por mim é como essas sementes e, pelo poder da Rainha Maria Padilha, ele vai brotar, crescer e florescer como elas irão fazer, e você me amará para sempre.*

Cuide bem da tigela. Não deixe a água secar, mas também não deixe que fique muito encharcada. Se as sementes germinarem, será o sinal de que Maria Padilha atendeu o seu pedido.

Amarração com retratos

Faça este feitiço para fortalecer sua ligação com a pessoa amada, se você já vive com ela. O material necessário é o seguinte:

1 retrato da pessoa amada
1 retrato seu
1 miniatura de coração (como um pingente)
1 novelo de lã vermelha
1 saco de pano vermelho
1 punhado de benjoim

Junte os retratos, um de frente para o outro, com o coração no meio. Amarre tudo junto com a lã, fazendo uma porção de voltas e dando um nó forte a cada volta, até usar o novelo inteiro. Enquanto faz isso, vá chamando Maria Padilha e repetindo seu pedido. A seguir, ponha o amarrado dentro do saco, junto com o benjoim, e guarde dentro do armário, entre as roupas de cama.

Se algum dia quiser desfazer o feitiço, desfaça a amarradura e queime os retratos com o benjoim. O pingente pode ser lavado e reutilizado.

Amarração com bonecos

Use o segredo das bruxas medievais do feitiço com bonecos para amarrar seu amor. O material necessário é o seguinte:

1 molde de um boneco bem simples e pequeno
1 retalho de pano vermelho, fino e flexível (como o morim)
Algo da pessoa amada (fio de cabelo, fiapo ou retalho de uma roupa, etc.)
Linha vermelha de costura
Tesoura e agulha
1 rosa vermelha grande e aberta
1 punhado de benjoim
1 frasquinho de pó de amarração
1 ímã pequeno
Palha de aço (de ferro, não amarela)
1 metro de fita vermelha da mais fina

Dobre o pano ao meio e corte dois bonecos, cada um formado por duas peças iguais. Costure o contorno de cada boneco, deixando uma abertura. Escreva no peito de um deles o seu próprio nome e no outro o da pessoa amada. Se quiser, desenhe uma carinha em cada um.

Pique grosseiramente com as mãos as pétalas da rosa. Misture com o benjoim e o pó de amarração. Recheie os bonecos com essa mistura. No boneco que representa a outra pessoa, acrescente o cabelo, fiapo, etc. dela, junto com a palha de aço. No boneco que representa você, acrescente o ímã.

Junte os bonecos de frente um para o outro, como se estivessem abraçados. Amarre os dois juntos com várias voltas da fita, dando um nó forte a cada volta, enquanto repete o seu pedido a Maria Padilha. Feito isso, esconda o feitiço no meio das suas roupas, e não deixe ninguém descobri-lo.

Para desfazer o feitiço, desamarre os bonecos, desmanche as suas costuras, retire o ímã e a palha de aço, e queime o recheio com os panos e a fita. O ímã pode ser lavado e reutilizado.

Pote chama-dinheiro

Faça este feitiço no último dia do quarto crescente, para ter sempre prosperidade em casa ou no seu negócio. O material necessário é o seguinte:

1 pote pequeno de barro
7 moedas de qualquer valor
1 ímã
1 saquinho de sal grosso
1 fava chama

Papel branco
1 vela branca

Escreva seu pedido no papel e ponha-o no fundo do pote, com o ímã em cima. Despeje por cima um pouco de sal. Ponha a fava chama sobre o sal, no centro, e arrume as moedas em volta dela. Termine de encher o pote com o resto do sal.

Ponha o pote num lugar seguro, onde ele possa ficar sempre. Acenda a vela ao lado e ofereça a Maria Padilha, pedindo que tome conta do seu pedido.

Renove o pote uma vez por ano. Lave as moedas e o ímã para reutilizar. Queime o papel e a fava, e despache o sal em água corrente (numa pia de sua casa).

Poderoso feitiço de amarração

Este feitiço se destina a pessoas que desejam atrair o amor de alguém, ou reforçar uma união já existente. Você vai precisar do seguinte:

2 bonecos representando as duas pessoas: podem ser de pano, plástico, louça, etc.

Canetas vermelha e azul
Fita vermelha
Tesoura
1 lenço de seda preta

Usando a caneta vermelha, escreva na testa de um dos bonecos o nome de uma das pessoas. Desenhe um coração bem grande no peito do boneco e escreva dentro dele o nome da outra pessoa. Repita com o outro boneco, usando a caneta azul e trocando a posição dos nomes, de modo que cada um represente uma das pessoas (o nome na testa) e tenha o nome da outra no coração.

Junte os bonecos, um de frente para o outro. Se puder, faça um abraçar o outro.

Corte a fita em cinco pedaços pequenos e um grande. Pegue um dos pequenos e amarre com ele as cabeças dos bonecos juntas. Enquanto faz isso, diga:

Eu amarro sua cabeça para que você só pense em mim.

Pegue outro e amarre os bonecos juntos na altura do peito, dizendo:

Eu amarro seu peito para que você só tenha a mim no seu coração.

Com outra fita, amarre os bonecos juntos na altura dos quadris, dizendo:

Eu amarro seu ventre para que você só sinta desejo por mim.

Com outra fita, amarre os bonecos juntos na altura das coxas, falando:

Eu amarro suas coxas para que você só faça amor comigo.

Com a última fita pequena, amarre os bonecos juntos na altura dos pés, dizendo:

Eu amarro seus pés para que você só possa andar para mim.

Embrulhe os bonecos no lenço. Amarre o embrulho com o pedaço grande da fita, dando várias voltas e dando um nó forte a cada volta, enquanto diz:

*Fulano(a) eu o(a) amarro dos pés até a cabeça,
para que seu amor seja meu.*

Esconda o embrulho entre os seus pertences.

Amarração poderosa de Maria Padilha

Faça este trabalho se estiver gostando de alguém, e somente se tiver certeza de que é a pessoa certa para você. O momento certo de fazê-lo é uma noite de lua cheia.

*1 minirroseira de flores vermelhas ou cor-de-rosa
   bem forte, plantada num vaso
1 pedaço pequeno de papel de seda vermelho
1 coração de galinha (que não tenha sido congelado)
Mel
Linha vermelha*

Escreva no papel o nome da pessoa que deseja amarrar. Por cima escreva o seu próprio nome.
Abra o coração de galinha e ponha dentro o papel, junto com um pouco de mel. Feche o coração e amarrre-o bem com várias voltas da linha, dan-

do um nó a cada volta. Enquanto faz isso, chame Maria Padilha e peça que traga o seu amor.

Coloque mais um pouco de mel sobre o coração e enterre-o num cantinho do vaso da roseira.

Cuide bem da planta, para que fique bem viçosa. Quanto mais ela crescer e ficar bonita, mais o seu amor ficará apaixonado.

Para recuperar a fidelidade do marido ou da esposa

Este feitiço se destina a pessoas casadas (ou com um relacionamento estável) que temem que o marido ou a esposa seja infiel, e desejam recuperar o amor dos primeiros tempos do casamento. Você deverá providenciar o seguinte:

1 concha de caramujo
1 retalho de pano vermelho
Linha forte ou fita fina vermelha
1 rosa vermelha

Numa noite de lua cheia, depois de chamar por Maria Padilha, encha o caramujo com as pétalas da rosa. Em seguida, embrulhe-o no pano e amarre com a linha ou fita. Feito isso, prenda o embrulho embaixo do colchão, no lado da cama em que seu marido ou esposa dorme. Tome cuidado para que o embrulho não se solte nem possa ser descoberto.

Deixe o embrulho no mesmo lugar por três dias. Então, retire-o e leve-o a uma praia. Desfaça o embrulho, jogue o caramujo com a flor no mar e traga o pano e a linha ou fita com você. Chegando em casa, você vai queimá-los, jogando a cinza ao vento.

Enquanto fizer todas essas operações, lembre-se sempre de chamar Maria Padilha e fazer seu pedido.

Para que o efeito do feitiço seja duradouro, dê um agrado a Maria Padilha e faça uma doação a uma obra de caridade.

Para desvendar segredos que o marido ou a esposa escondem

Este feitiço se destina a pessoas que sentem que seu parceiro (ou sua parceira) está escondendo alguma coisa importante, e desejam abrir o véu que esconde as mentiras. Você vai precisar do seguinte:

1 rosa vermelha
1 vela branca
1 copo com água
1 incenso de alfazema

Numa noite de lua cheia, arrume a vela e o copo com água num lugar seguro. Ponha a rosa na água. Acenda a vela, chame Maria Padilha e diga:

> *Minha querida Maria Padilha, eu trouxe esta rosa para você. Em troca, peço que me mostre os segredos e as traições que Fulano/a (diga o nome da pessoa) esconde de mim.*

Apague a vela, deixe tudo como está e, pouco antes de dormir, acenda o incenso no seu quarto.

Na manhã seguinte, tire a rosa da água. Acenda a vela e faça a cera derretida pingar na água do copo, enquanto repete o pedido à pombagira. Depois contemple as formas criadas pela cera e tente identificá-las. Nelas está a mensagem de Maria Padilha.

Terminando, entregue a rosa e os restos da cera numa encruzilhada.

Para esquecer alguém

Este feitiço se destina a qualquer pessoa que deseja se libertar de um relacionamento acabado e esquecer alguém de quem já se separou. Você vai precisar do seguinte:

1 pedaço pequeno de papel comum
1 pires ou potinho raso
Vinagre
1 vela branca

Comece o feitiço numa noite de lua minguante. Escreva o nome da pessoa no papel. Coloque-o no pires e cubra com bastante vinagre.

Ponha o pires num lugar fora da sua casa. Se você não tem quintal, ponha no muro da área ou da varanda, de modo que não fique no interior da casa. Chame Maria Padilha e peça com força que ela tire o velho amor do seu coração e abra seus caminhos para novos amores.

No dia seguinte, retire o papel do vinagre e ponha para secar. No outro dia, leve o papel (sem o pires), a vela e os fósforos para um lugar longe de casa, onde não costume passar com frequência. Firme a vela num canto de uma encruzilhada e acenda-a. Ofereça a vela a Maria Padilha, fazendo seu pedido. Queime o papel na chama da vela e vá embora.

Banho de proteção contra inveja e mau-olhado

Este banho é destinado a qualquer pessoa que suspeite de que o mau-olhado ou a inveja de inimigos estão impedindo a sua felicidade e prosperidade. Tome-o na primeira segunda-feira depois da lua cheia. Você vai precisar do seguinte:

1 ramo de arruda
1 ramo de alecrim-do-campo
1 ramo de guiné
1 folha de espada-de-são-jorge
Sal grosso
1 panela com três litros de água

Leve a água ao fogo. Quando ela começar a ferver, junte as folhas das ervas, esmagando-as com as mãos. Desligue o fogo, junte o sal e deixe amornar.

Depois de tomar um banho comum de higiene, despeje o banho de ervas do pescoço para baixo. Recolha as folhas e leve para o mato, pondo no pé de uma árvore.

Pontos de Maria Padilha

Pontos cantados

Exu Maria Padilha
Trabalha na encruzilhada
Risca ponto, presta conta
Ao romper da madrugada.

Pombagira, minha comadre,
Me protege noite e dia,
Trabalhando na encruzilhada
Com sua feitiçaria.

Maria Padilha é mulher de sete maridos. [bis]
Não brinca com ela, ela é um perigo. [bis]

Abre essa tumba, quero ver tremer,
Abre esse tumba, quero ver balançar,
Abre essa tumba, quero ver tremer,
Abre esse tumba, quero ver balançar,
Maria Padilha das Almas,
O cemitério é o seu lugar.

É na Calunga que a Maria Padilha mora
É no barranco que a Maria Padilha vai girar.
É na Calunga que a Maria Padilha mora
É no barranco que a Maria Padilha vai girar.
Maria Padilha das Almas,
O cemitério é o seu lugar.

Quem não me respeitar
Oh! Logo se afunda
Eu sou Maria Padilha
Dos Sete Cruzeiros da Calunga

Moço, você conhece aquela moça
Que trabalha no escuro
Olhando osso,

Osso por osso,
Dente por dente,
Dia trás dia,
Hora trás hora?
Ela é Maria Padilha,
Ela é Maria mulher,
Ela trabalha na Figueira,
Por ordem de Lúcifer.

Caminhou por toda a Terra,
Na Calunga ela ficou
Lá na Encruza ou lá na rua,
Ela é camarada sua,
Maria, Maria Padilha ela é.

Maria Padilha já chegou
Trago pra ela uma linda flor
Festa no terreiro, festa no gongá,
Chegou Maria Padilha para todo o mal levar.

Maria Padilha,
Rainha do candomblé,
Firma curimba
Que tá chegando mulher.

*Maria Padilha é
Rainha do candomblé.
Maria Padilha mora
Nas portas de um cabaré.*

*De onde é que Maria Padilha vem?
Onde é que Maria Padilha mora?
Ela mora na mina de ouro,
Onde o galo preto canta,
Onde criança não chora.*

*O povo dos Infernos é quem vai levar
Levar o que não presta pro além mar
Exu Rei da Lira é Lúcifer!
Maria Padilha é Rainha exu mulher!*

*Cemitério é praça linda
É lugar pra passear
Cemitério é praça linda
É lugar pra passear
Numa catacumba branca
Maria Padilha mora lá
Mora lá, mora lá,
Maria Padilha mora lá,*

Mora lá, mora lá,
Maria Padilha mora lá.

Com uma rosa e uma cigarrilha
Maria Padilha já chegou,
E na calunga ela é rainha
Ela trabalha com muito amor
Sete cruzeiros da calunga
É a morada dessa mulher
Ela é Maria Padilha,
Rainha do candomblé.

Maria Padilha,
Traz linda figa de ouro
Oi, saravá, Rainha linda da Quimbanda,
Sua proteção é meu tesouro.

Maria segura o leme!
Não deixa a banda virar
Maria segura o leme!
Não deixa a banda virar.

Sou Maria Padilha
Dos Sete Cruzeiros,
Saravo vocês que me veem,

E vocês que me chamam e não creem.

De garfo na mão,
Lá vem mulher bonita,
Bonita e muito formosa,
Muito formosa e cheia de rosas,
Lá vem Maria Padilha,
Dos Sete Cruzeiros da Calunga.

Meu garfo já chegou na Terra
Estou querendo guerra.
Meu garfo já finquei na Terra.
Estou guerreando, estou guerreando,
Eu estou trabalhando,
Eu estou limpando,
Estou lhe limpando.

Ela é uma Rainha
Bela e muito formosa,
Se chama Maria Padilha,
Rainha da Encruzilhada.

Este encruzo me pertence.
Pois nele eu sou Rainha.
O meu garfo é muito firme,

Nele vim para saravá.
Se alevante minha gente,
Maria Padilha vai chegar.

Já chegou Maria Padilha
Que é Rainha do Encruzo,
Encontrou um quimbandeiro
Que lhe veio suplicar,
Lhe trouxe muitas rosas
Para poder lhe ofertar
E trouxe muitas demandas
Pra Maria Padilha demandar.

Minha magia é muito grande,
Minha bagagem é infinita,
Eu trabalho na umbanda
E na quimbanda também.
Ajudo o filho de fé,
E arrebento o inimigo também.
Tenho força firmada,
Pois no Cruzeiro das Almas
Eu sou Rainha também.

Pontos riscados

Ponto de Maria Padilha cruzado com Exu Caveira
e Tranca-Ruas das Almas

PONTOS DE MARIA PADILHA 153

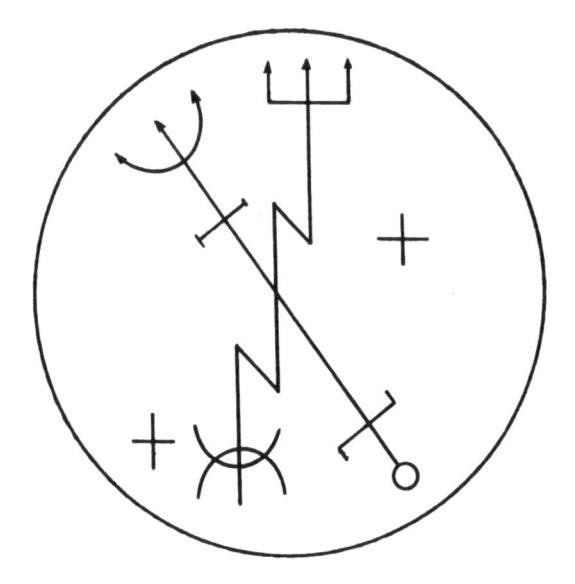

Ponto de Maria Padilha e Tranca-Ruas na linha de Iansã

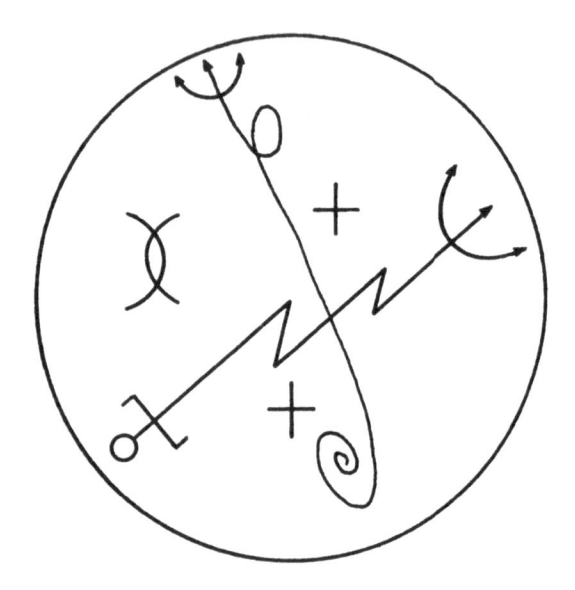

Ponto de Maria Padilha na linha de Oxum Apará (Oxum e Iansã)

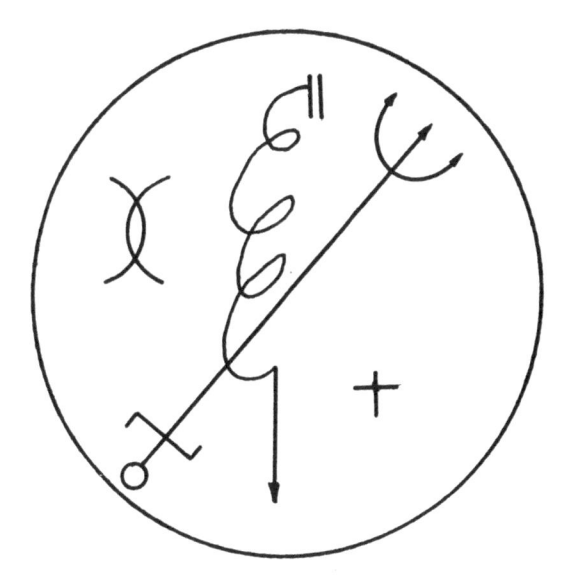

PONTOS DE MARIA PADILHA 155

Ponto de Maria Padilha na linha de Oxumaré

Referências

AUGRAS, Monique. Maria Padilla, reina de la magia. **Revista Española de Antropología Americana**, Madrid-ES, n. 31, p. 293-319, 2001. Disponível em: <http://revistas.ucm.es/index.php/REAA/article/view/REAA0101110293A/23778>. Acesso em 26 de mai. 2013.

BERGUA, Jose (Ed.). **Romancero español**: colección de romances selectos desde el siglo XIV hasta nuestros dias. Madrid-ES: Ediciones Ibéricas, [1956].

FERNANDEZ-Ruiz, Cesar. Ensayo histórico-biográfico sobre D. Pedro I de Castilla y Dª María de Padilla: el Real Monasterio y el Palacio de Astudillo, recuerdo de un gran amor egregio. **Publicaciones de la Institución Tello Téllez de Meneses**, Palencia-ES, n. 24, p. 17-62, 1965.

MARÍA de Padilla. Disponível em: <http://es.wikipedia.org/wiki/Mar%C3%ADa_de_Padilla>. Acesso em 26 de mai. 2013.

MÉRIMÉE, Prosper. **Carmen**. Paris-FR: Michel Lévy, 1846. (p. 123)

MONASTERIOS. **Santa Clara de Astudillo**. Disponível em: <http://www.monestirs.cat/monst/annex/espa/calleo/palen/castud.htm>. Acesso em 3 de jun. 2013.

REAL Alcázar de Sevilla. Disponível em: <http://www.alcazarsevilla.org>. Acesso em 3 de jun. 2013.

ROCHA, Melquisedec C. **Catimbó**. Disponível em: <http://catimbojuremanatalrn.blogspot.com.br/2011_03_13_archive.html>. Acesso em 29 de mai. 2013.

ROMANCERO Viejo. Disponível em: <http://www.ramonmacia.com/wp-content/uploads/Libro-Romancero-Tradicional.pdf>. Acesso em 20 de jun. 2013.

SCOTT, S. P. Introduction to the Fourth Partida. In: BURNS, Robert I. (Ed.). **Las Siete Partidas**, volume 4: family, commerce, and the sea: the worlds of women and merchants (Partidas IV and V). Translation and notes by Samuel Parsons Scott. Pennsylvania-US: University of Pennsylvania, 2012.

SOUZA, Laura de Mello e. **O diabo e a terra de Santa Cruz**: feitiçaria e religiosidade popular no Brasil colonial. 2. ed. São Paulo: Companhia das Letras, 2009.

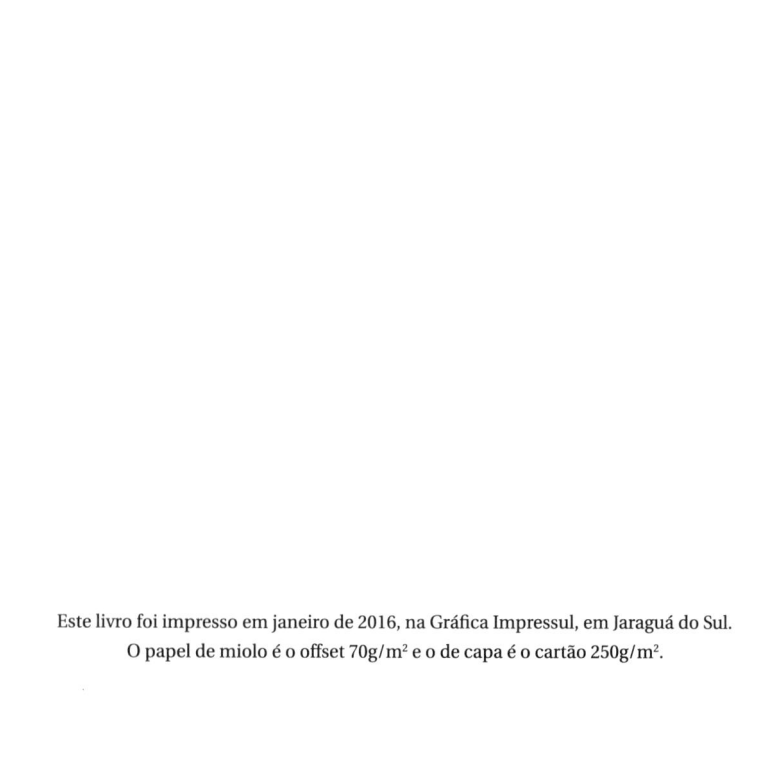

Este livro foi impresso em janeiro de 2016, na Gráfica Impressul, em Jaraguá do Sul.
O papel de miolo é o offset 70g/m² e o de capa é o cartão 250g/m².